대한민국 공군 창설사

2

대한민국 공군 창설사
바우트원 2

1판 1쇄 인쇄 2020년 6월 22일
1판 1쇄 발행 2020년 6월 25일

글·그림 | 장우룡
펴낸이 | 김영곤
펴낸곳 | ㈜북이십일 레드리버

키즈융합부문 대표 | 이유남
키즈융합부문 이사 | 신정숙
전쟁사셀 팀장 | 최인수
책임편집 | 배성원 마정훈
영업마케팅팀 | 김창훈 이득재 임우섭 이경학 허소윤 윤송 김미소 오다은 송지은
제작팀 | 이영민 권경민

출판등록 2000년 5월 6일 제406-2003-061호
주소 (10881) 경기도 파주시 회동길 201(문발동)
대표전화 031-955-2100 팩스 031-955-2151 이메일 book21@book21.co.kr

ISBN 978-89-509-8830-2 07910
ISBN 978-89-509-8832-6 (세트)

책값은 뒤표지에 있습니다.
이 책 내용의 일부 또는 전부를 재사용하려면 반드시 레드리버의 동의를 얻어야 합니다.
잘못 만들어진 책은 구입하신 서점에서 교환해 드립니다.

6.25전쟁 70주년 기념 개정판

대 한 민 국 공 군 창 설 사

2

글·그림 | 장우룡

추천사

두려움과 무력감을 딛고 날아오르던, 그때의 우리를 잘 보여주는 책

6.25전쟁 중 한국 공군은 이제 갓 걸음마를 뗀 상태였다. 그때 우리는 비행기도 갖지 못했고 훈련도 부족한 상태였다. 100회 출격 이후 훈련 교관이 되었을 때도, 전투기 훈련을 시킬 수 있는 사람은 나까지 고작 2명뿐이었다. 그런 열악한 상황에서 우리는 늘 준비되지 않은 상황을 맞이할 수밖에 없었다.

예나 지금이나 전투기 조종사들에게는 '공포'가 가장 큰 적으로 다가온다. 나 역시 전쟁 가운데 동료의 죽음을 목도한 뒤, 언젠가 대공포에 맞아 떨어질 수도 있다는 두려움을 느끼곤 했다. 6.25전쟁 전까지 전투기 한 대 없었던, 그리고 전투가 벌어진 뒤에도 다른 나라에서 제공해 준 전투기를 몰고 출격할 때의 무력함 역시 우리들을 짓눌렀다. 그런 정신적인 어려움을 견디며, 전쟁이 가져오는 잔혹함과 두려움에 익숙해져 갔다.

전쟁은 정말 두려운 일이고, 절대 일어나서는 안 될 사건이다. 한반도에서 다시 전쟁이 일어나지 않으려면 우리가 강력한 국방 능력을 갖춰야 한다. 특히 오늘날 현대전에서는 공군이 가장 중요한 전력이다. 우리 공군은 양적으로는 충분하지 않지만 질적으로는 정상급이다. 하지만 전쟁을 수행하는 데는 사람이 가장 중요하다. 조종사, 정비사 모두 잘 준비되어 있어야 효력을 발휘할 수 있다. 전쟁사를 다룬 책들도 무기만이 아니라 전쟁 속의 사람을 잘 보여주어야 그 속에서 더 큰 교훈을 얻게 될 것이다.

그런 의미에서 당시 우리 공군의 모습을 대단히 사실적으로, 그리고 훌륭하게 묘사하기 위해 애쓴 《바우트원》의 장우룡 작가에게 감사를 표한다. 특히 이제는 작고하신 헤스 대령을 표현한 부분이 큰 의미로 느껴졌다. 헤스 대령의 위로와 격려가 없었다면 나의 100회 출격도 없었을 것이다(책 속의 헤스 대령과 한국 공군들의 모습을 보며 부족했던 우리를 다시 만나는 것처럼 그때를 추억할 수 있었다).

장우룡 작가는 과거 이 책을 준비할 때에도 참전용사들 직접 인터뷰하고, 무척 공들여 내용 하나하나를 완성했던 것으로 알고 있다(그런 《바우트원》이 개정판으로 다시 재조명되니 작가의 노고가 약간이라도 인정받는 것 같아 기쁘다). 앞으로 기회가 된다면 이 책 이후의 이야기도 연재할 수 있기를 바란다. 독자들도 이 책을 읽으며 6.25전쟁이 우리에게 무엇인지, 얼마나 중요한 사건이었는지를 살펴볼 수 있기를 소망한다.

2020년 6월
제11대 공군참모총장 예비역 대장 김두만

추천사 | 건들건들

"국가라든지 민족이라든지
허접한 스폰서를 잡아서 나는 수밖에 없는 거야."

애니메이션 <붉은 돼지>의 페라린 대사 中

―

《바우트원》을 처음 봤을 때 내 입에서 튀어나온 대사다. 밀리터리, 그것도 항공물, 거기에다 6.25전쟁이다. 장우룡이란 이름이 담지(擔持)하는 작화의 퀄리티, 내용의 참신성, 치밀한 고증은 후순위다. 이게 팔릴까 하는 '상업성'에 대한 고민을 할 수밖에 없다. 그런데 장우룡은 《바우트원》을 택시웨이로 끌고 갔고, 기어코 날아 올렸다. 그 비행은 아름다운 호를 그리면서 국내 밀리터리 팬들과 항공물 팬들의 눈과 심장을 사로잡았다.

작품 속에 등장하는 '신념의 조인(信念의 鳥人)'이라는 노즈아트 하나만으로도 이 책의 소장가치는 충분하다. 지금이야 정보가 넘쳐나는 시절이지만, 90년대 중후반만 하더라도 한국전에 참전한 한국군 무스탕 노즈아트에 관한 자료를 찾는 게 쉬운 일이 아니었다. 그리고 노즈아트의 문구가 '신념의 조인'이었고, 이 기체가 딘 헤스 소령이 탑승했던 기체란 사실까지는 정보가 있었지만, 6.25전쟁 당시 활약했던 한국 공군의 이야기에 대해선 알려진 사실이 적었다. 세월의 더께가 잔뜩 내려앉은 한국 공군의 이야기를 끄집어낸 게 장우룡이다. 고증이란 지옥을 어떻게 헤쳐 나왔는지 차마 물어볼 순 없었지만, 연재 당시 그가 마감보다 더 두려워한 게 고증오류였다는 사실은 증언해 줄 수 있다. 그래서일까, 이 정도 작품이 더 이상 연재되지 못하고 멈춰버렸다는 것이 무척 아쉬웠다. 건들건들 컬렉션의 두 번째 책으로 굳이 《바우트원》을 고른 것도 이런 아쉬움 때문이었다. 《바우트원》이 건들건들 컬렉션으로 다시 날아오르게 되어 정말 기쁘다. 이제 새롭게 시작될 《바우트원》의 비행에 갈채를 보낸다. 어쨌든 날아오르자. 활주로만 벗어나면 그 다음은 어떤 기류를 만날지 모르는 일이다. 장우룡의 건승을 기원한다.

종합 밀리터리 채널 건들건들

개정판을 내며

"이 만화를 이만큼까지 이끌어오게 한 것은 제가 아닌,
다른 분들과의 만남과 그 인연이었음을 밝혀두고 싶습니다."

초판 작가의 말 中

―

보통 이전 제 원고를 보면서 '와 이걸 어떻게 이렇게 했지? 정말 무식하게 밀어붙이기만 했구나.'라며 그때의 단순함에 스스로 감탄하곤 합니다. 그 과정에서 다시 만나게 되는 단순함과 실수, 많은 불합리에 감탄도 하고 또 여러 가지 생각을 하게 되지만, 결국은 이 모든 것이 즐겁고 감사할 따름입니다.

이 책을 재출간해 주시는 북이십일에 깊은 감사를 전합니다. 더불어 이 만화를 연재할 때 함께 고생했던 공군 관계자 여러분을 비롯해서 첫 출간에 도움을 주셨던 많은 분들께도 영원토록 감사의 말씀을 전합니다. 모든 일들이 스스로 애쓰고 결정한다고 해서 다 이루어지는 것이 아닐 수도 있음을 아는 지금, 꾸준히 다음 내용을 구성하고 보완해서 언제든 기회가 온다면 다음 시즌을 연재할 수 있도록 호시탐탐 기회를 노려보겠습니다.

저와 제 가족이 지금까지 건강함에 감사하며, 독자 여러분도 항상 건강하시길 기원합니다!

2020년 6월 장우룡

차례

추천사(김두만 장군) 4

추천사(종합 밀리터리 채널 건들건들) 6

개정판을 내며 7

1장 빗속에 갇힌 전장 10

2장 헤스, 유럽 전선을 날다 43

3장 헤스, 다시 전장으로 76

4장 비가 그치면 98

5장 헤스의 외로운 전투 118

6장 펀치 140

7장 첫 합동작전 166

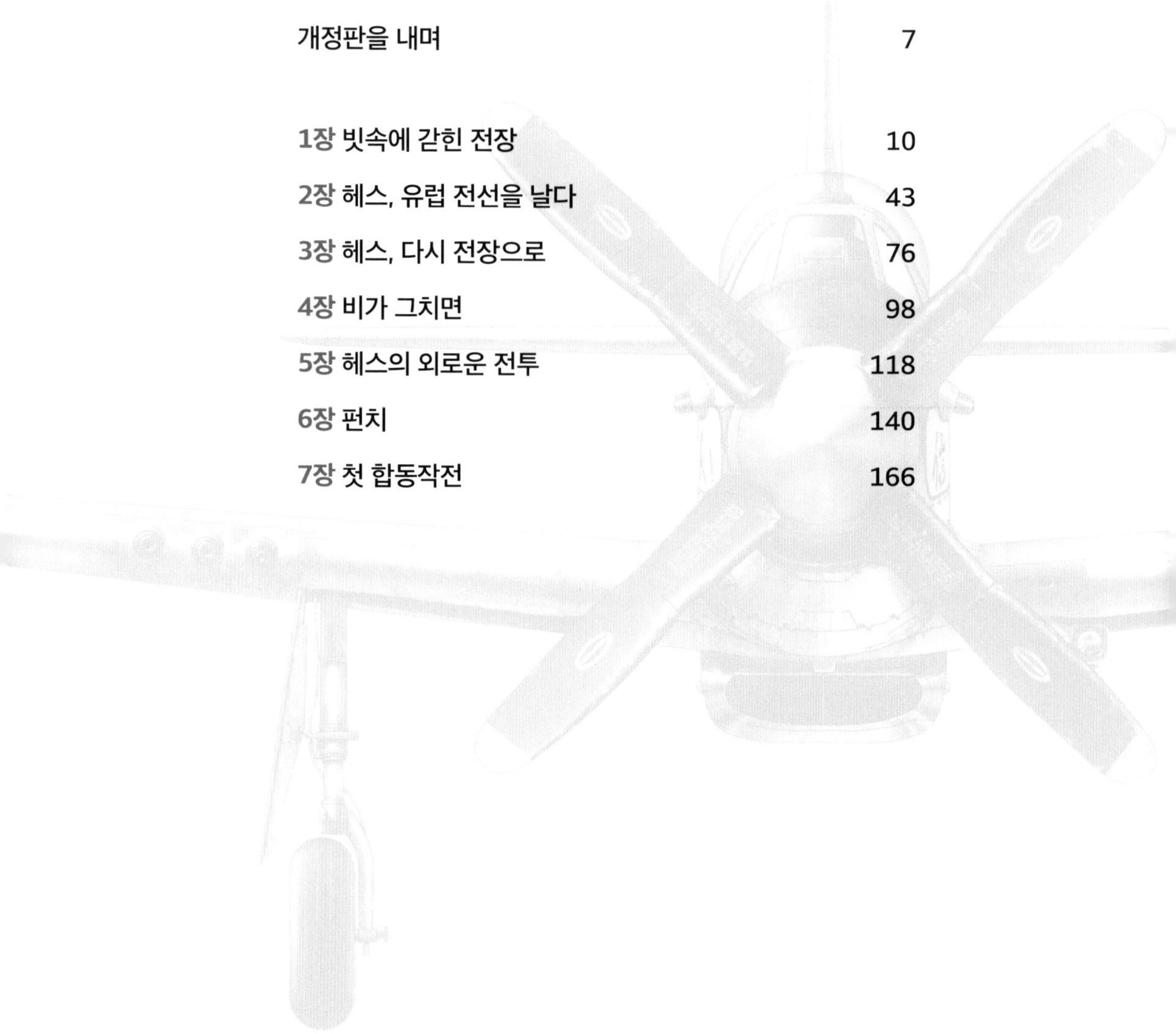

Flight Records 1.   194
자서전 배틀힘(Battle Hymn)으로 읽는
딘 E. 헤스(Dean E. Hess)

Flight Records 2.   201
올바른 신념이 나를 올바른 곳으로 이끌 것이다
신념의 조인(信念의 鳥人)

Flight Records 3.   214
전장의 하늘을 지키던 가장 높은 힘
6.25전쟁 초기의 연합군 항공기

참고문헌   226

1장 빗속에 갇힌 전장

야.

그래도 일단 사과는 한 거다.

에휴. 저놈의 비는

주룩주룩 잘도 오는구나.

인간들끼린 전쟁이다 뭐다 해도,

계절은 계절, 날씨는 또 그냥 날씨니까.

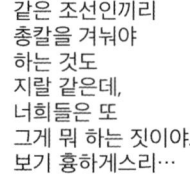

부아아

투쿠쿠카

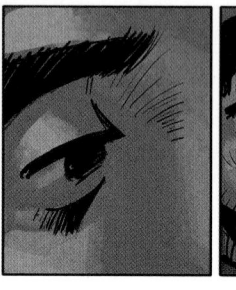

네?

소령님, 제가 잠시 잘못 들은 듯한데 다시 한번…

아, 출격은 제가 할 거라구요.

무슨 말을 하는 거야.

지금,

헤스 소령이 출격하겠다고 하는 거야?

한국군뿐만 아니라 미군도 곤란한 지경이라 가만히 앉아서 보고 있을 수만은 없다고…

네, 그렇게 하고 싶답니다.

여러분들은 훈련을 하셔야 합니다.

그 사이 한국 공군 대신 우리가 전투를 하도록 하죠.

당분간은 우리가 여러분의 비행기를 타고 출격하겠습니다.

이 비가
그치면

저와 제 대원이
출격하겠습니다.

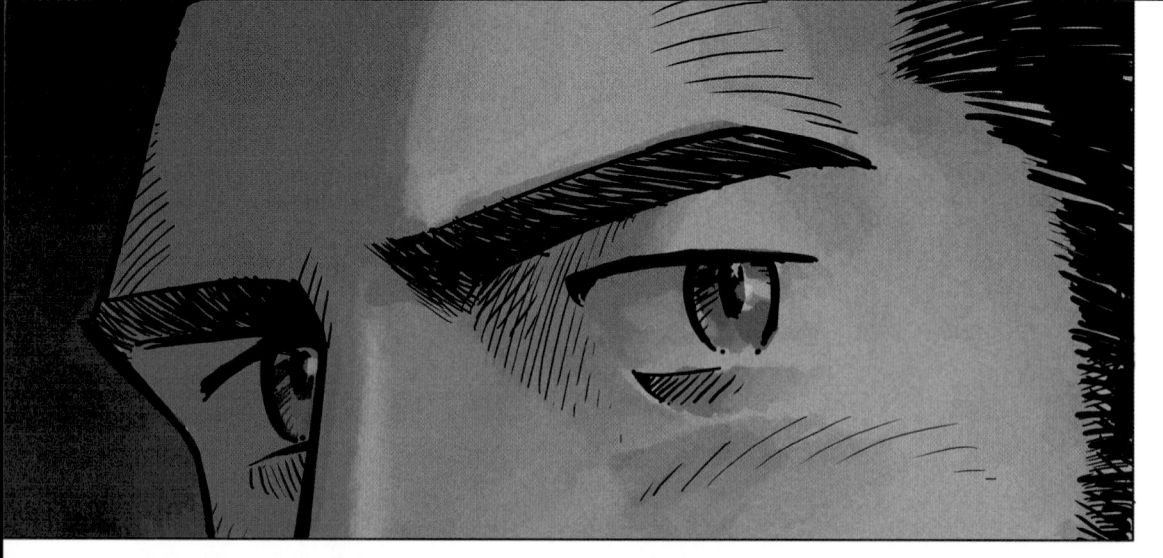

바우트원
대한민국 공군 창설사

2장 헤스, 유럽 전선을 날다

그날 아침의 하늘 역시
내 고향 오하이오의 그것과
마찬가지로 선명하고
또렷했다.

하지만 그때의 난
춥고 매서운 독일의
하늘 속에 있었다.

한 여자의 남편으로서,
한 아이의 아버지로서.

더운 숨을 내쉬는
하나의 생명으로서.

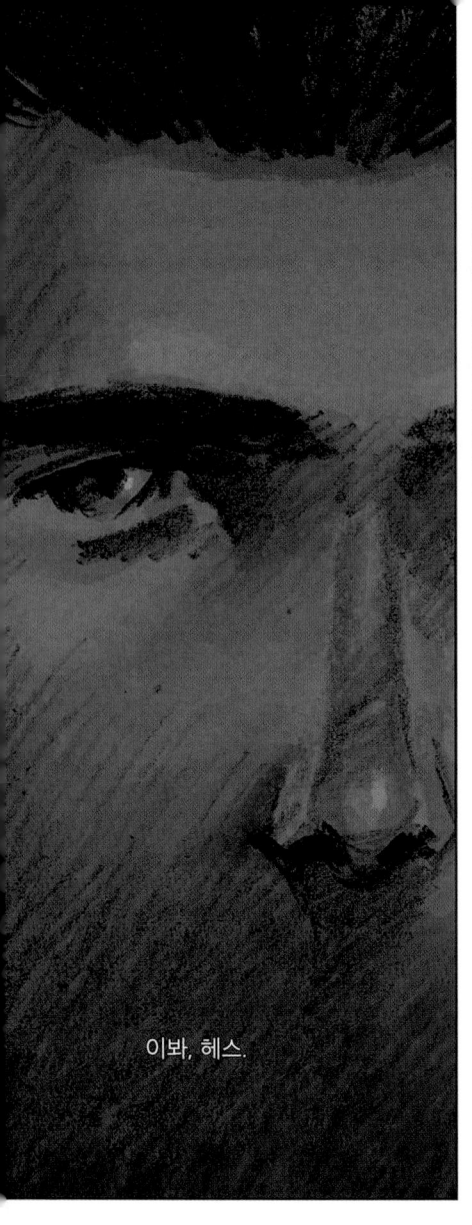

이봐, 헤스.

내가 오늘도
사람을 죽였을까?

만약 그랬다면…

그 사람은
어떤 사람이었을까?

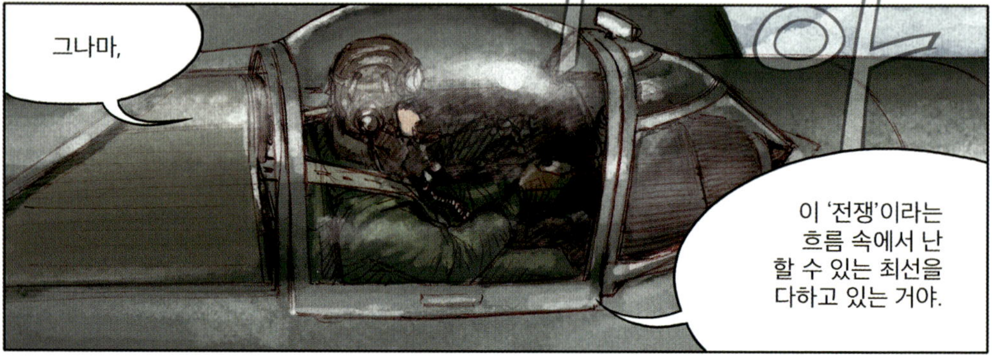

내 나라를 위해?

내 가족을 위해?

그것이 '살인'일지라도?

아직도 저 벽돌더미 속에 아이들의 시체가 묻혀있을 것만 같아요.

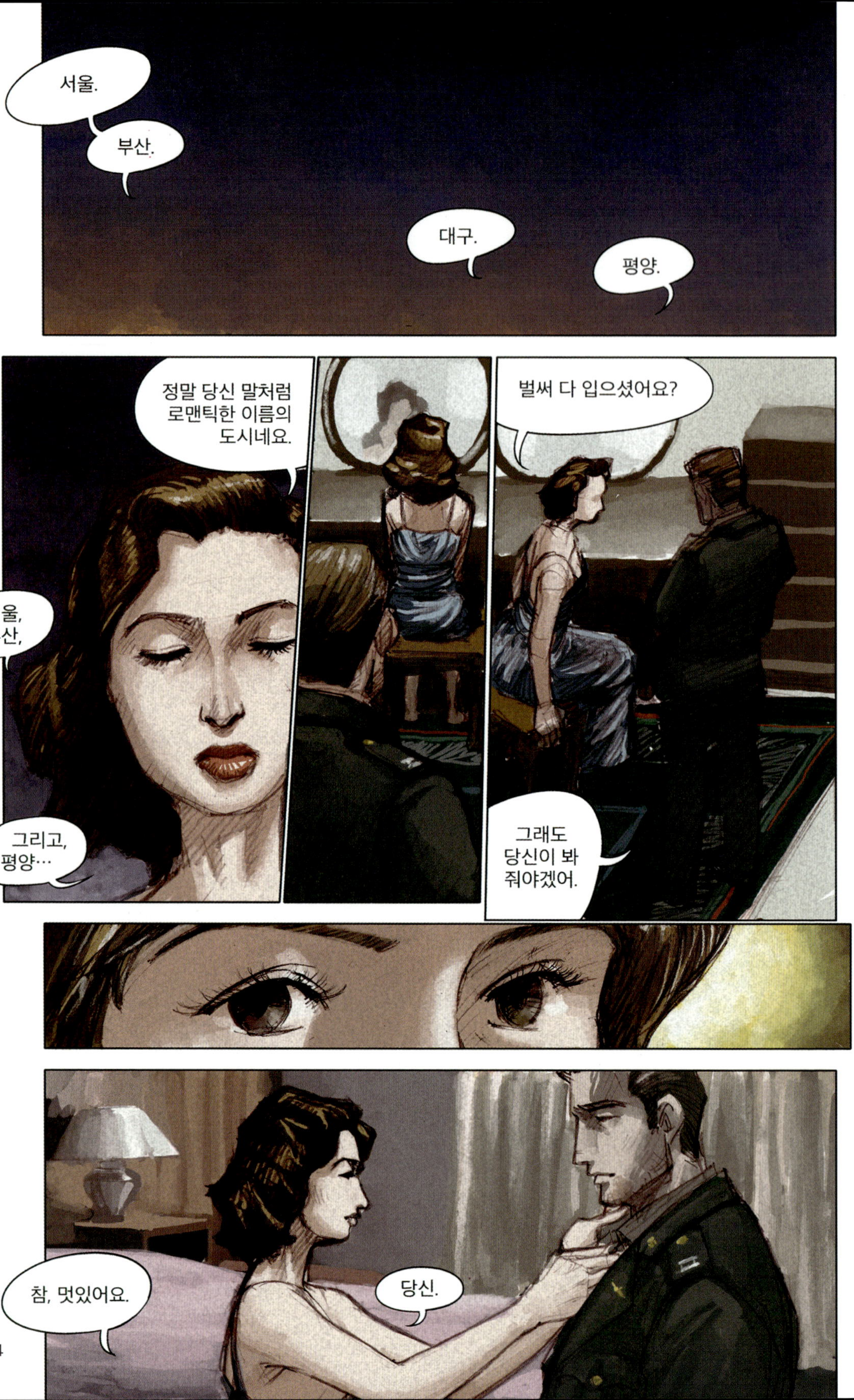

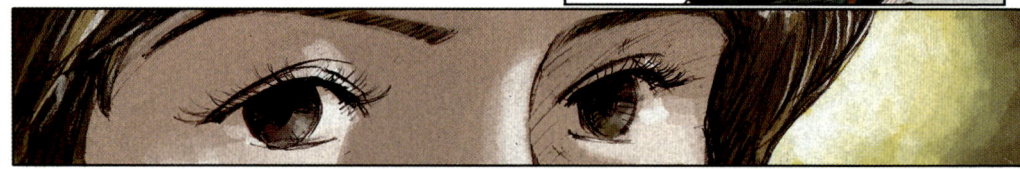

내 마음은 당신에게 하루에도 수천 번 가지 말라고 말하지만.

그렇다고 당신 앞을 막아서는 우스운 여자는 되지 않을 거예요.

그아아아

저기가 한국인가?

네, 자기네들끼린 조선이라고도 한다는데, 어차피 전쟁터야 어딜 가나 똑같겠죠.

당신이 옳다고
생각하는 일을 하세요.

그리고,
꼭 돌아와요.

지금 이 화약 냄새가
내 고향 오하이오까지
번지지 않게 하고 싶어.

그것이 내가
남들 손에 전쟁을 맡기고
물러서 있지 않은 이유.

그것이 내가
가진 신념을 확인하는
유일한 길이라 믿기 때문이야.

바우트원
대한민국 공군 창설사

3장 헤스, 다시 전장으로

이게… 뭐야.

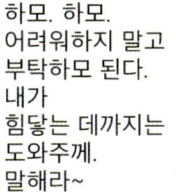

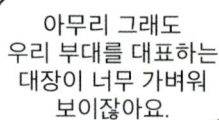

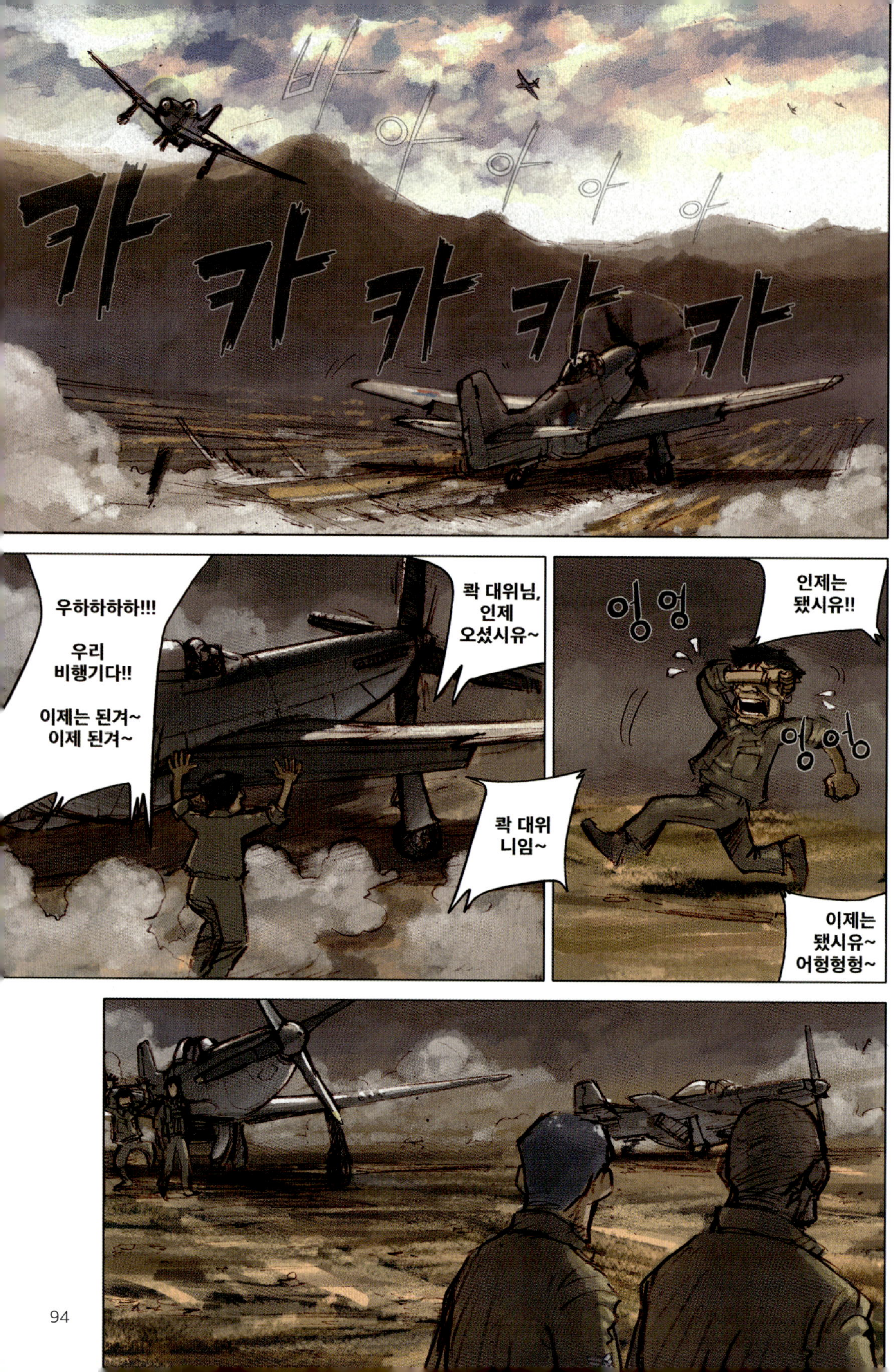

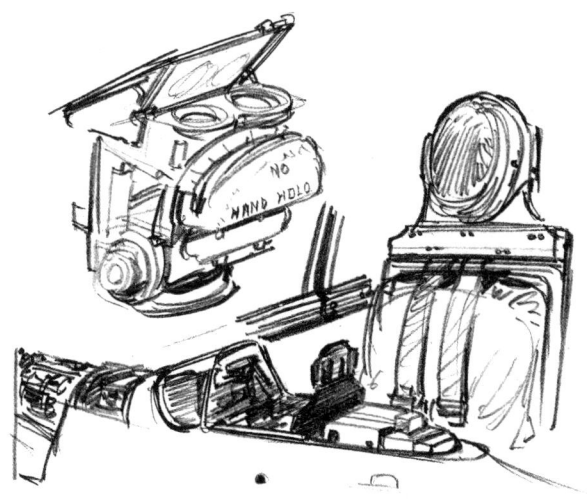

바우트 원
대한민국 공군 창설사

4장 비가 그치면

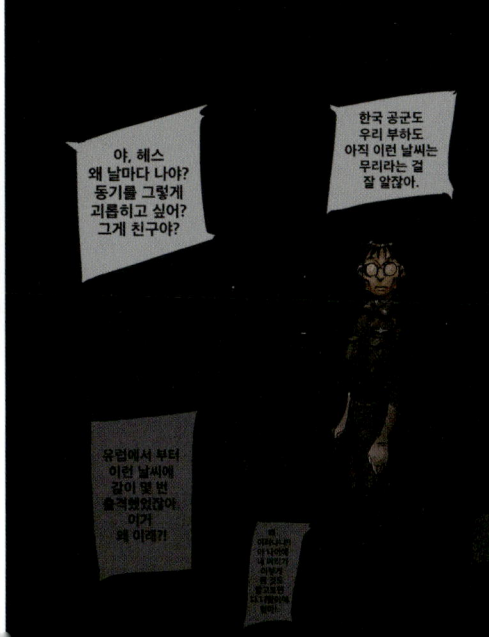

자, 그럼 한번, 가 볼까?!!

네, 남하하는 적 병력이 대규모여서 그런지 억지로라도 출격하려는 것처럼 보였어요.

그렇겠지. 기갑사단 정도라면, 어떤 전선에 투입되더라도 아군에겐 치명적일 테니까…

어쨋건 미군으로서도 힘든 결정을 하게 된 거로군.

네, 자기들끼리도 말리는 분위기였어요.

총장님.

총장님, 애들에게 몇 마디 해도 되겠습니까?

염 중령.

헤스 소령은 우리나라를 돕기 위해 이 나라에 왔고, 그 일을 하려는 것일 뿐이야.

네, 저도 같은 생각입니다.

다만, 우리가 처해 있는 상황에 대해서는 꼭 짚고 넘어가야 할 게 있다고 생각해서 말입니다.

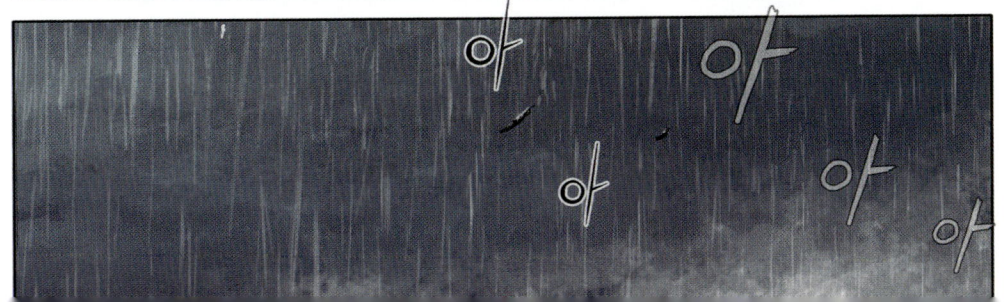

쿠르르

젠장. 끝이 보이질 않아.

여기는 매킨토시 리더, 방금 적을 발견했다.

스멀~ 스멀~ 꼭 뱀처럼 기어오는군.

한 15마일은 족히 되겠어.

제프. 일단 발이라도 묶어놔야 하니까

앞뒤 길을 막고 지원을 요청하는 거야. 어때?

난 뒤쪽으로 가서 길을 막을게.

오케이. 그럼 난 앞쪽으로 가지!!

좋아!!
시작한다!!!

항공!!
항공이다!!

쏘라!
쏘라우!!

날래
날래
쏘라우!!

매킨토시 원, 초탄 명중!!

매킨토시 투, 후미 들어갑니다!

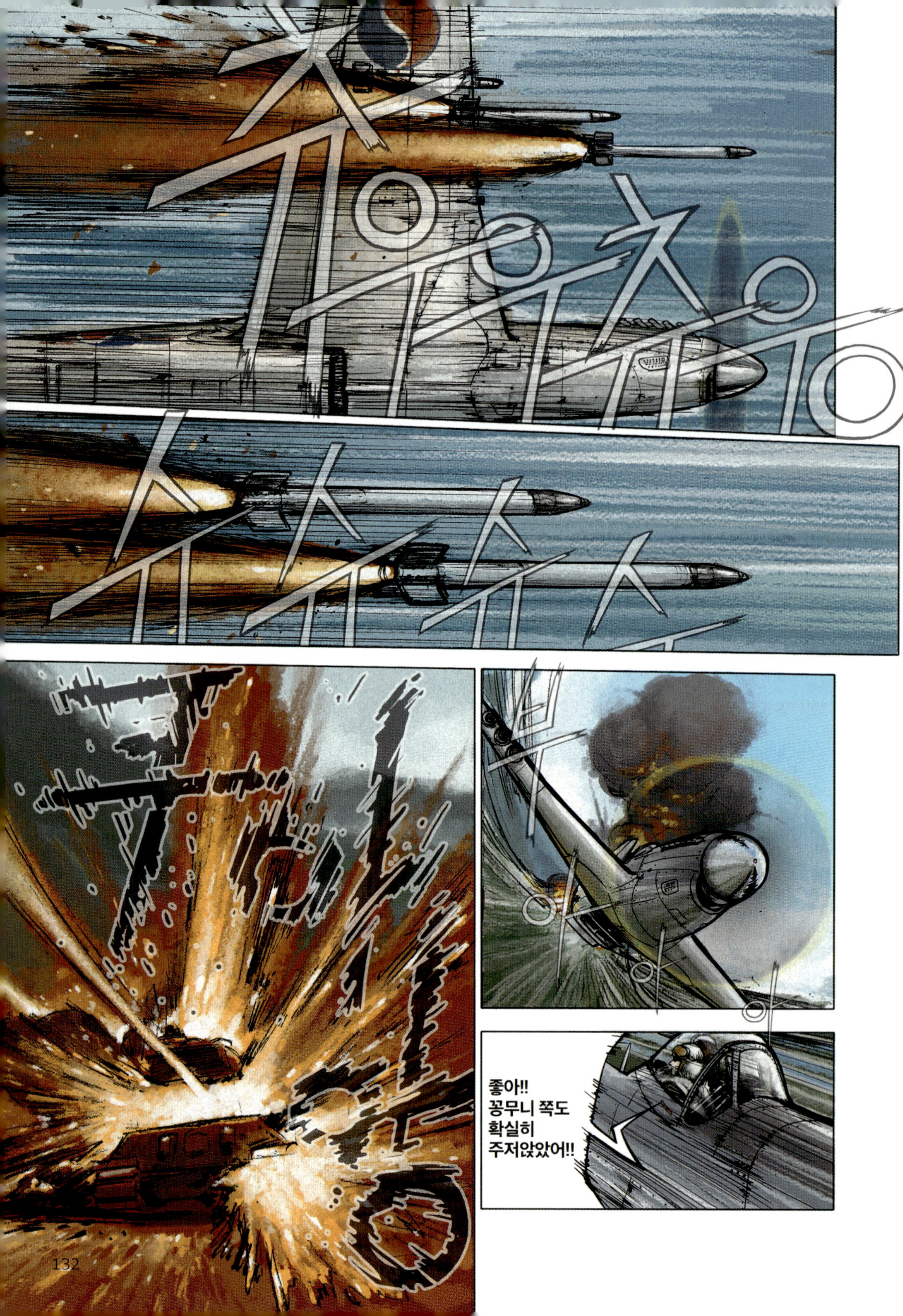

좋아!!
꽁무니 쪽도
확실히
주저앉았어!!

다른 이에게 죽임을 당하기 위해 태어나는 생명이 있을 리 없을 텐데,

매킨토시, 여기는 배가본드. 화염 때문에 잘 보이지 않겠지만 그 바로 오른쪽 옆을 한 방 더 때려라. 한동안은 꽉 막힐 것 같다.

지금의 난, 다른 이를 죽이기 위해서만 이 세상에 태어난 것같이 느껴지는군.

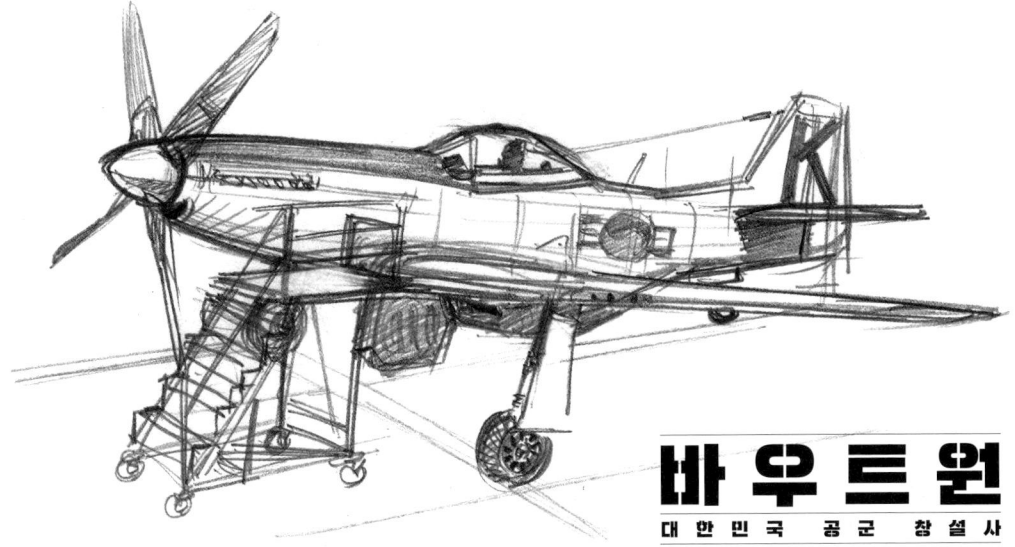

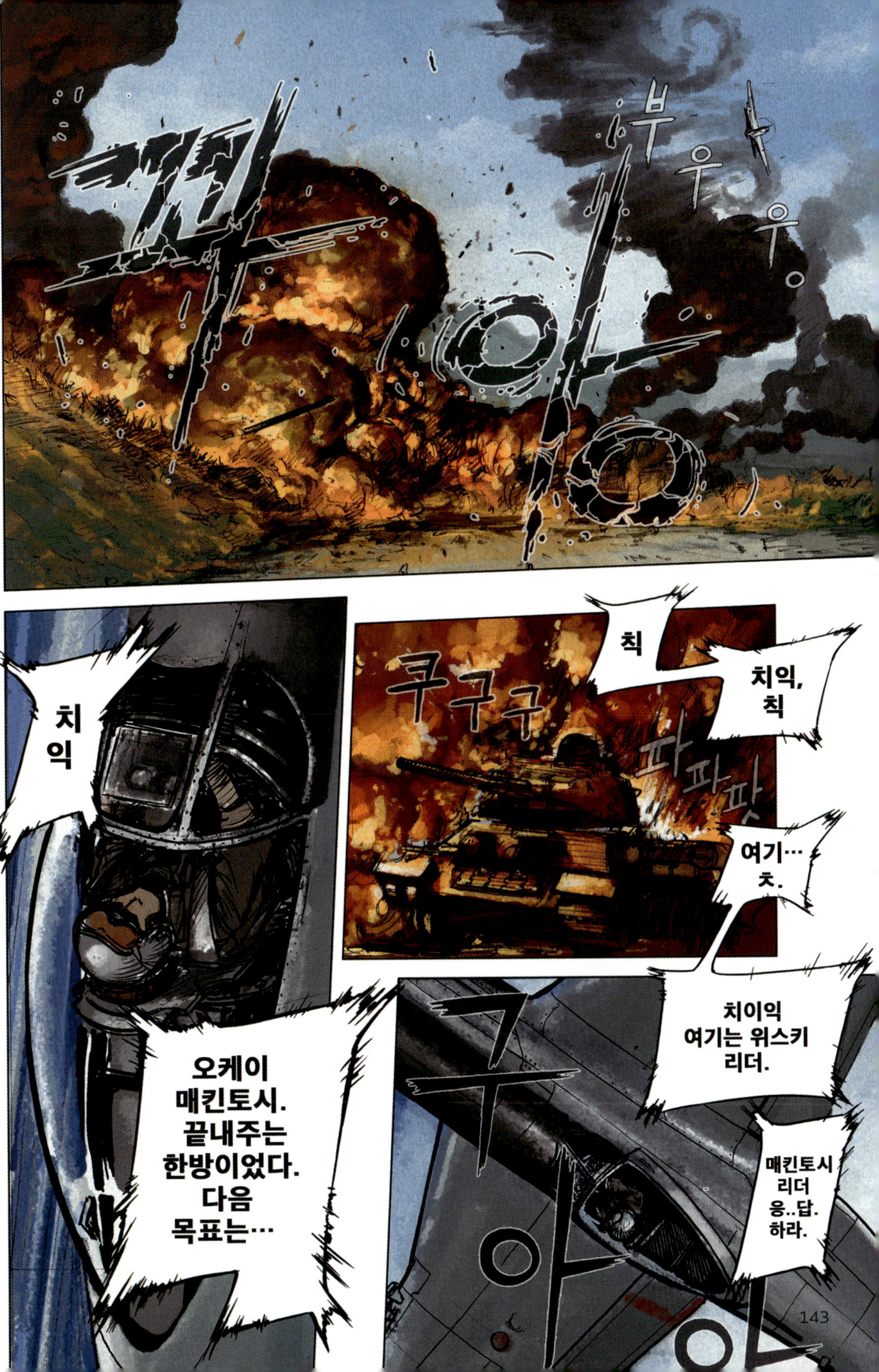
콰
쾅
부우우우.
치
익
쿠구구
칙
치익,
칙
파파팟
여기…
ㅊ.
오케이
매킨토시.
끝내주는
한방이었다.
다음
목표는…
치이익
여기는 위스키
리더.
매킨토시
리더
응..답.
하라.
구아앙

인민의용군으로 편입된 우리 남한 사람들이… 2만 정도라고 하지 않았어?

전 최소 5만이라고 들었습니다.

그래?

가끔 염 중령님을 보면 전쟁을 하는 군인인지, 애들 가르치는 도덕 선생님인지 분간이 안될 때가 있어요. 지금처럼.

솔직~히 선생님한테 꾸중듣는 느낌도 들구요~

중령님도 가끔 그런 생각 안 드세요?

음~ 그렇지. 스스로도 답답할 때가 있지.

난 왜 이렇게 답답하게 살까… 하는 생각도 가끔 들고 말이야.

저도 중령님의 그런 모습이 싫지는 않아요. 그런데 그 말씀대로 살기는 싫고…

그건 거 있잖아요.

자, 자, 이제 좀 가자구. 우리나라 최초의 전투기를 만져보고 싶어서 아까부터 몸이 근질근질했단 말이야. 이 사람들아.

위스키?

오케이, 여기는 위스키 리더. 급히 출발하다 보니 연락이 좀 늦었다.

매킨토시 원, 투… 아웃.

오케이!! 주인이 자릴 비웠는지조차 알 수 없도록 해 주자구.

그러니까 제로니모, 언제 시작을 할 거야~

하하하하 지금 간다. 엘! 버드는 후미로, 난 레이와 앞쪽을 맡겠다.

라저

치익, 후미, 공격위치 확보했다.

오케이 카피.

뒤쪽 사정 봐주지 말고 싹 쓸어 버리자.

여어, 술꾼들. 지금 와서 하는 말이지만, 우리 뒤에 뭐가 남아 있을지… 장담하기 힘들 것 같다.

제로니모 편대,

공격개시!!

바우트원
대한민국 공군 창설사

7장 첫 합동작전

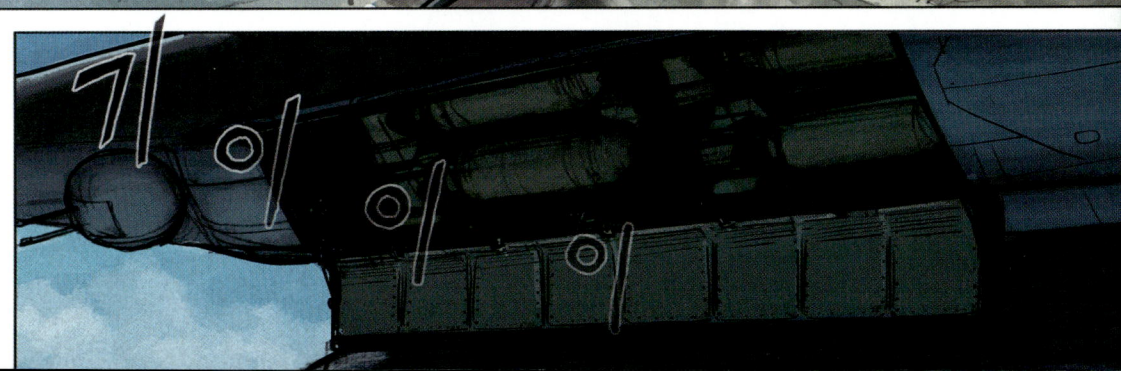

폭격이오!!
폭격!!
날래 언덕 아래로
몸을 피하기요!!
폭격이오!!

이 간나들!!
날래 피하라
하디 않나!!

꾸웅 구구구

치익.

오케이, 훌륭하다!!

대열을 멋지게 반으로 갈라놨어.

이봐, 제로니모. 이제 슬슬 돌아갈 때가 되지 않았어?!!

하하하하. 이것 봐. 우릴 뭘로 보는 거야. 이래 봬도, 이니셜 'B'란 말이야.

두 명이라면 더 말할 필요도 없겠군.

'조종'하면
누가 뭐래도 자네고.
염 중령은 무스탕을
타 본 경험이 제일 많으니…
꼽으라면 당연히
자네들이지.
그렇게 해.
예,
저와 염 중령님이
출격하겠습니다.
결정
하셨어요?
그래도
괜찮을까요?
괜찮으니까
말해.
네, 좋아요.
당장
함께 나가죠.
잘해 봐.
네, 그럼
준비하겠습니다.

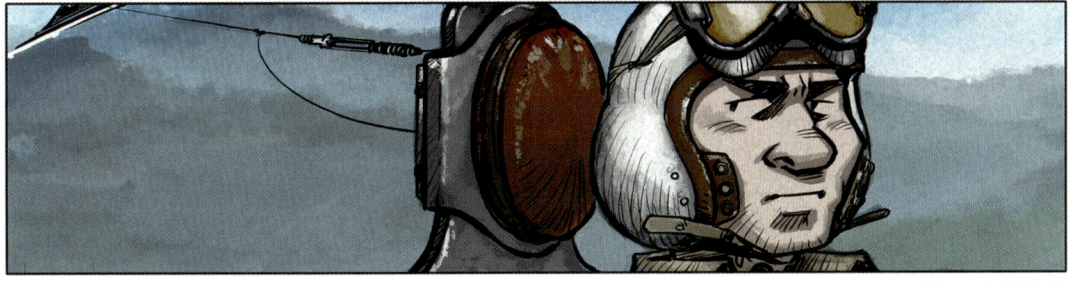

부아아아

모두, 활주로의 물웅덩이를 주의해.

여섯 기나 이륙하면 괜찮던 땅까지 골이 깊게 패일 거야. 이륙할 때 각별히 조심하도록 해.

얼, 파울 어때?

모두 괜찮아?

네, 모두 괜찮습니다.

좋아, 그럼 출격한다!!

치익. 위스키. 샴페인 아주 멋지다!!

쿠쿠구구 그아아아

적 반격이 거의 없다. 반복한다. 적 반격이 거의 없다.

하나도 남기지 말고,

끝장을 내 버려!!

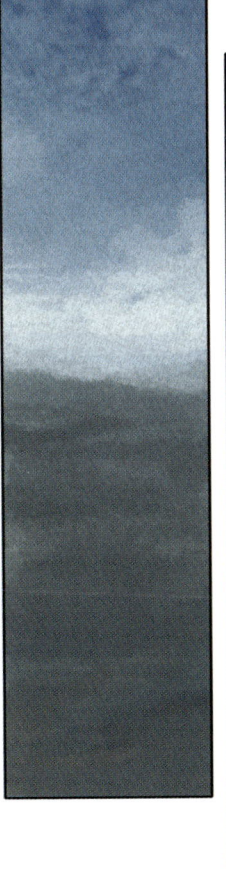

이제 함께 싸우죠.

좌표, 에이블 마이크 7123.

지금부터 목표지점까지 전속비행합니다.

Flight Records

1. 자서전 배틀힘(Battle Hymn)으로 읽는
   딘 E. 헤스(Dean E. Hess)
2. 올바른 신념이 나를 올바른 곳으로 이끌 것이다
   신념의 조인(信念의 鳥人)
3. 전장의 하늘을 지키던 가장 높은 힘
   6.25전쟁 초기의 연합군 항공기

자서전 배틀힘(Battle Hymn)으로 읽는
딘 E. 헤스(Dean E. Hess)

6.25전쟁에는 다른 나라의 전쟁에 목숨을 걸었던 수많은 연합국 참전용사들의 이야기가 존재합니다. 이번 Flight Records에서는 한국 공군의 출발에 가장 큰 영향을 끼친 연합국 참전용사이자, 한국어를 자신의 기체에 그려 전투에 참전했던 헤스 소령의 이야기를 소개하겠습니다.

배틀힘은 1855년 남북전쟁 당시 만들어져 병사들이 전쟁터로 향할 때 불렀던 노래인 '배틀힘 오브 리퍼블릭(Battle Hymn of Republic)'이라는 찬송가 제목의 일부분으로, 대한민국 공군과 깊은 인연을 맺은 헤스 중령이 고국으로 돌아가 자신의 어린시절과 유럽, 6.25전쟁에서의 경험을 토대로 쓴 그의 자서전 제목입니다. 그리고 1957년 이 자서전의 내용을 바탕으로 미국 워너브라더스 사에서 제작한 영화의 제목이기도 합니다.

6.25전쟁 속의 헤스 소령 2권의 주인공, 헤스 소령의 실제 모습입니다.

어린 시절 찰스 린드버그(Charles Lindbergh)의 대서양 횡단을 가슴 졸이며 지켜보았을 때부터 소년 헤스의 꿈은 '비행'이었고, 잔디깎이와 신문배달로 돈을 벌어 스스로의 힘으로 첫 비행을 시작했습니다. 그는 어렸을 때부터 친구와 종교적 이야기를 자주 나누었고 이를 바탕으로 목사가 되는 것 또한 자연스레 인생의 목표가 되었다고 전합니다.

대학에 입학해서 학교 공부와 아르바이트를 병행하던 그에게 여자친구와의 사랑과 목사로서의 안정된 미래가 약속될 즈음, 뜻하지 않은 소식 하나가 날아들어 그의 미래를 바꾸어 놓습니다.

유럽이 제2차 세계대전을 치르고 있던 당시(1937-1941) 무의식적으로 불안감을 느끼고 있던 헤스는, 일본의 진주만 공습 소식을 듣고 곧장 군 입대를 결정합니다. 그 결정은 대학교 학비 상환, 여자친구 메리(Mary)와의 결혼, 정식 목사로서의 활동 등 그가 눈앞에 그리고 있던 모든 것들을 포기한다는 뜻이기도 했습니다. 보장된 행복과 평온한 미래를 앞둔 그의 참전 결정을 여자친구와 부모님을 비롯한 수많은 사람들이 만류했지만, 그는 당시 참전에 대한 자신의 마음을 이렇게 정리하고 있었습니다.

"신의 뜻을 전하고 폭력을 삼가는 것이 목사의 당연한 임무라고 생각해요. 하지만 직접 싸우지도 않고 다른 이들에게 대신해 줄 것을 부탁할 수도 없지 않나 싶었죠. 그렇기 때문에, 주변에서 만류하는 분들의 말씀조차 '네가 우리 대신 손에 피를 묻혀라. 그러면 우리는 항상 마음 속으로 기도해 주마.'라며 젊은 청년들을 전방으로 내보내는 것과 무엇이 다를까 하는 의문을 갖게 되었지요."

<헤스 대령>

그렇게 헤스는 주변 사람들을 설득하고 원하는 사람은 즉시 입대시켜 준다는 해병대 징집소로 가서 신상명세서를 제출하고 군 입대를 신청합니다. 하지만 사무실을 쉽게 찾지 못하자, 지나가던 우체부에게 길을 묻게 되는데, 이 우체부가 알려준 곳은 본래 가려 했던 해병항공대 사무실이 아니라 육군항공대(이후 육군항공대에서 공군이 분리됨) 사무실이었습니다.

F-51D 무스탕

P-47 썬더볼트

이렇게 육군과 인연을 맺은 그는 생도 과정을 거치면서 결혼을 하고 첫 아들까지 얻게 됩니다. 하지만 곧 프랑스에 있던 미 제9공군 19전술공군사령부로 배치받아 P-47 썬더볼트의 파일럿으로 종전까지 60여 회의 출격을 기록합니다. 제2차 세계대전이 끝났지만 미 공군으로부터의 현역근무 제의를 받아들인 그는 일본으로 배치된 직후, 이웃나라 한국에서의 전쟁 소식을 접하게 됩니다. 전선에서 물러나 있는 것을 탐탁지 않게 생각해 왔던 그는 또다시 전투요원으로서의 배치를 희망합니다. 그 요청이 차일피일 미뤄지고 있던 어느 날 숙소에서 쉬고 있던 그는 한국으로 파견할 소령급 장교가 한 명 필요하다는 통화 내용을 듣게 됩니다.

우여곡절 끝에 헤스는 바우트-원 부대를 책임지는 지휘관이 되었고, 그가 맡은 임무는 오로지 한국 공군의 훈련 임무에만 국한되어 있었습니다.

급박한 전쟁 초기, 전투도 아닌 한국 공군의 훈련 임무를 담당했던 바우트-원 부대는 정식 보급도, 제대로 된 지원도 거의 없이 시작할 수밖에 없었습니다. 하지만 기지 근처의 주민들에게서 모자란 음식을 보충하고 꾸준히 소규모의 전투 임무에 나서면서 점점 정식 부대의 모습을 갖춰나갈 수 있었습니다.

이렇듯 깊게 한국 공군과 인연을 맺은 그였지만, 그 역시 한 사람의 인간이었음을 자서전에서 언급하고 있습니다. 유럽 전선에서 독일 어린이들이 다니던 학교를 조작 실수로 폭파한 것에 대한 인간적인 반성과 후회를 이야기하고 있고, 이후 한국에서 똑같은 실수를 한 동료 조종사와 함께 자신의 실수를 들어 전쟁의 비극에 대해 이야기하기도 합니다.

딘 E. 헤스의 회고

"독일 상공에서 작전을 하던 어느 날 폭탄 하나가 떨어지지 않았습니다. 순간 날개가 한쪽으로 기울었죠. 얼마 후에 투하 장치가 다시 작동을 해서 두 번째 폭탄을 떨어뜨렸는데, 그 폭탄은 그만 목표를 지나가 버렸어요.
훗날 그곳을 찾았을 때 폭격으로 부서진 눈에 띄는 건물 하나를 보았는데 한눈에 제가 폭파했던 건물이란 걸 알 수 있었죠. 그 건물이 학교이자 고아원이었다는 말을 들었을 때는 정말 가슴이 찢어지는 듯했어요."

몇 년 후, 한 종군기자는 그 사건에 대한 죄책감으로 6.25전쟁에서 고아들을 위한 작전을 도운 것이라고 말했지만 정작 본인은 어려움에 처한 어린이는 어떤 사람이든 도울 수밖에 없는 일이라고 적고 있습니다.
6.25전쟁 중 그는 부대 내에 클럽을 열어 얻은 수익금과 대원들이 함께 모금한 자금을 전쟁고아들을 위해 사용했고, 1.4 후퇴 당시 군목이었던 블레이즈델 공군 중령과 함께 1,000여 명의 고아들을 제주도로 옮기는 데 큰 역할을 해냅니다. 한국에서의 임무가 끝나고 미국으로 돌아간 뒤에도 모금 운동을 벌여 한국의 고아들에게 필요한 옷과 식량, 젖소 등을 보내 주었습니다.

다른 나라의 전쟁임에도 자신의 신념에 최선을 다했고, 진정한 군인이 지녀야 할 인류애와 사명감을 보여 주었던 헤스 대령은 지난 2015년 3월, 향년 98세의 나이로 고향 오하이오에서 숨을 거두었습니다. 전쟁 당시 그의 비행기를 직접 정비했던 예비역 최원문 대령은 그에 대해 이렇게 전하고 있습니다.

"헤스 대령에 관해서라면 전쟁 초기 가장 비참했던 시기부터 한국 공군을 위해 선두에서 활약한 모습을 절대 잊을 수가 없죠. 한미 합동의 이 부대가 아니었다면 비록 몇 대밖에 안 되는 비행기였다 할지라도 그 처참한 시기에 '우리도 싸웠다.' 라고 힘주어 말할 수 없을 것입니다.
1년도 채 안 되는 기간에 250회의 전투출격이라는 놀라운 기록을 남기고 '바우트-원 작전'을 통해 우리 공군을 기사회생시키는 데 주력했던 딘 E. 헤스(Dean E. Hess)와 그의 애기(愛機) F-51D 신념의 조인(信念의 鳥人)을 한국 전쟁사는 오래토록 기억해야 할 것입니다."

<헤스 대령의 기체 정비 기장, 최원문 예비역 공군 대령>

한국 공군의 최종봉 대위와 악수 중인 헤스 중령 한국 공군의 훈련을 담당했던 헤스 중령의 항공 점퍼에 한글로 '딘 이 헤스 중령 USAF'라고 표기되어 있는 부분이 이채로우면서도 정겹게 느껴집니다. 최종봉 대위는 51년 4월 경기도 이천 부근에서 전사했습니다.
<출처: 이강화 예비역 공군 준장>

1951.3. 여의도기지에서 이륙하는 헤스 중령의 F-51D 신념의 조인 이때는 헤스의 부대가 대전에서 여의도기지로 이동하던 시기입니다. 1.4후퇴 이후 UN군이 서울을 재탈환한 직후로 판단됩니다. 심하게 파괴된 쉘터가 당시 치열했던 전투의 흔적을 보여줍니다.
<출처: 이강화 예비역 공군 준장>

러셀 L. 블레이즈델(Russell L. Blaisdell) 중령은 전쟁 당시 군목으로서 많은 전쟁고아들을 돌보고 있었습니다. 그는 헤스 대령을 도와 1.4후퇴로 서울을 떠나야할 때 서울에 남겨진 고아들을 버리지 않고 '유모차 공수작전'을 통해 제주도로 보내는 데 결정적인 역할을 해냅니다. 헤스 중령이 고아들을 제주도로 옮기는 데 아이디어와 도움을 주었다면, 블레이즈델 중령은 대부분의 고아들을 담당하고 보살폈던 실질적인 담당자였습니다.

그리고 황온순 여사가 있습니다. 이분은 서울에서 제주도로 수송된 천여 명의 고아를 보살폈고, 이후 서울에서 한국보육원을 운영하며 500명이 넘는 고아들을 돌봅니다.

헤스의 조력자들 ❶ 사진의 왼쪽은 러셀 L. 블레이즈델 중령이고, 오른쪽은 한국 공군 군의관이었던 계원철 대위입니다. ❷ 왼쪽 검은 저고리를 입은 분이 제주도로 수송된 고아들을 돌본 황온순 여사, 아이를 안고 있는 분은 헤스 대령입니다. <출처: 이강화 예비역 공군 준장>

1959년 9월 헤스 대령은 한국 보육원에 소 21마리를 전달합니다. 헤스는 전쟁이 끝나고도 여러 차례 한국을 방문했고 미국 전역을 다니며 모금 운동을 벌여 기부금이나 기부 물품을 한국으로 보내왔습니다.

한국을 방문한 헤스 헤스 대령은 전쟁이 끝난 뒤에도 자주 한국을 방문했습니다. 그때마다 한국을 지원할 다양한 활동을 했습니다.
<출처: 행정안전부 국가기록원 대통령 기록관>

그리고 여기 헤스 대령이 한국에서 작전을 수행할 때 빼놓을 수 없는 한 명의 동료가 더 있습니다. 바로 당시 18번 신념의 조인기의 정비 책임을 맡았던 최원문 상사(대령 전역)입니다. 이 편지는 1954년 헤스 대령이 최원문 대령에게 보낸 편지로, 1951년 한국을 갑작스레 떠나게 된 것에 대한 아쉬움과 6.25전쟁 당시 항상 자신의 기체를 보살펴 준 정비 기장 최원문 상사에게 전하는 감사함을 담은 편지입니다.

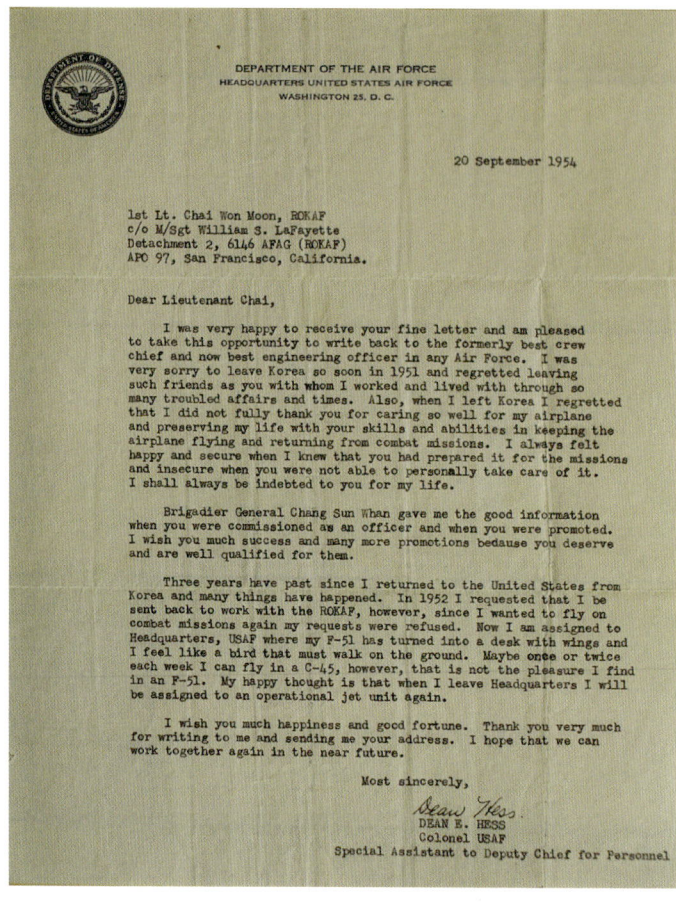

헤스 대령과 최원문 대령 왼쪽은 헤스 대령이 최원문 대령에게 보낸 편지, 오른쪽은 여의도 비행장에서 헤스 소령이 기장 최원문 상사에게 오케이 사인을 보내고 있는 사진입니다.
<출처: 최원문 예비역 공군 대령>

'신념의 조인'의 만남 전역한 지 오랜 세월이 흐른 후 만난 '18번 신념의 조인기'의 예비역 조종사와 정비사의 모습입니다.
<출처: 최원문 예비역 공군 대령>

2

올바른 신념이 나를 올바른 곳으로 이끌 것이다
신념의 조인(信念의 鳥人)

만화 바우트-원을 진행함에 있어 중요한 소재는 크게 세 가지로, '한국 공군 최초의 전투기 조종사 10인'과 '100회 출격 전우회' 그리고 '헤스 소령'이었습니다. 헤스 소령의 18번 기체와 그 기체에 그려진 문구 '신념의 조인'에 관한 이야기는 그 자체가 우리 대한민국 공군의 시작이나 6.25전쟁의 흐름과도 밀접한 관계를 갖고 있습니다. 때문에 이번 장에서는 그 문구에 대한 객관적인 기원과 형태를 시간별로 정리해 보았습니다.

'신념의 조인(信念의 鳥人)'이란 문구는 헤스 소령이 사용해 오던 라틴어 문장을 토대로 만들어졌다는 설이 객관적인 자료를 통해 인정받고 있으며 최근 공군에서도 이를 공식적으로 받아들이고 있습니다. 이승만 초대 대통령이 헤스 소령에게 하사한 문구라는 설이 인정받던 시기도 있었으나 이는 확인할 수 있는 증언이나 정황이 발견된 바 없습니다.

<Ver.01 여의도>

<전송가:배틀힘(Battle Hymn)>
대한민국 공군본부
1998년 번역, 발행

<6.25전쟁 증언록>
대한민국 공군본부
2002년 발행

<6.25 참전 수기집>
대한민국 공군본부
2002년 발행

<하늘에 꿈을 띄우다>
최원문 대령 자서전 / 상상나무
2008년 발행

일단 이 '신념의 조인'에서 가장 중요한 것은 여기서 말하는 '신념(信念)'이 과연 어떤 것을 말하는가'일 것입니다. 이 부분은 전적으로 헤스 자신의 신념일 수밖에 없기 때문에 그의 자서전에서 말하는 바를 먼저 살펴보기로 하겠습니다.

첫째, 기독교 신자로서의 두터운 믿음으로, 의로운 행동을 할 때는 반드시 신께서 자신을 지켜주리라는 굳은 신앙적 믿음을 말합니다. 어린 시절, 어두운 곳을 걸을 때도 그는 그러한 신앙적 믿음으로 두려움을 극복할 수 있었다고 합니다.

둘째, 젊은 청년을 전쟁터로 보내면서 행운을 빌어주는 목사가 되기보다는 그들과 함께 싸우는 것을 택할 만큼 적극적이면서 '조국이 나를 필요로 할 때 내가 서 있어야 할 곳은 어디인가'를 먼저 생각하는 애국심과 책임감이 투철한 인물이었습니다.

그렇기 때문에 제2차 세계대전과 6.25전쟁을 통틀어 313회라는 출격 횟수를 기록하면서도 단 한 번도 큰 상처를 입지 않은 것, 6.25전쟁 당시 1,000여 명의 고아를 제주도로 피난시킨 것 등 자신이 한 모든 행동과 과정이 신과 조국에 대한 믿음과 신념 때문이었다고 말합니다.

결국 신념의 조인이란 문장의 의미는 6.25전쟁 때 불쑥 튀어나온 말이 아니라 제2차 세계대전부터 헤스가 개인적으로 사용해 오던 <신념으로 하늘을 날다>라는 문구의 한국어 버전이라는 것을 잘 알 수 있습니다.

유럽 전선의 P-47 썬더볼트 당시 헤스가 속한 편대의 편대장이었던 빌 마이어스 대위(Capt. Bill E. Myers)와 그의 기체인 포코로코(Poco Loco)의 사진으로 당시 편대원이었던 헤스의 기체를 대략 짐작해 볼 수 있습니다.

무스탕 위의 헤스 최원문 예비역 대령과의 인터뷰 중 촬영해 온 사진으로 여의도기지의 특징인 드럼통과 헤스, 그리고 그의 18번기의 모습이 잘 나타나 있습니다.

통상 미군 조종사는 40회의 출격을 마치면 비작전지역으로 귀환되었고, 우리 공군 역시 100회 출격을 마친 조종사는 후방으로 재배치했습니다. 하지만 헤스는 6.25전쟁에서만 총 250회에 이르는 출격 횟수를 기록하고, 개전 이후 1년 동안 우리 공군과 함께 여러 기지를 이동하며 작전을 펼칩니다. 이러한 시간의 흐름 속에서 등장하게 된 것이 바로 '신념의 조인'이라는 도장문구였습니다. 이제 새롭게 입수된 여러 장의 사진과 기존의 인터뷰를 바탕으로 우리나라 정비사들과 함께 탄생한 '신념의 조인'에 얽힌 생생한 에피소드를 소개해 드리겠습니다.

1950년 10월, 국군의 38선 돌파 소식이 전해지자 헤스와 우리 공군은 곧장 영등포 비행장으로 기지를 옮깁니다. 이때, 헤스 소령이 그의 기체 정비를 맡고 있던 한국 정비사의 막사로 쪽지 하나를 가지고 들어옵니다. 그 쪽지에는 '신념으로 하늘을 난다'라는 내용이 적혀 있었습니다. 영어로 쪽지의 내용은 단순히 '신념으로 하늘을 난다'라는 내용을 담고 있었지만 헤스의 자서전에서는 스스로 'By faith I fly'라고 적어 놓고 있고, 그와 직접 대화를 했던 최원문 예비역 대령은 그의 지난 인터뷰와 자서전에 'I fly by faith'라고 적힌 쪽지를 받았다고 적어놓고 있습니다. 하지만 그 의미는 변함이 없겠죠.

이렇게 헤스 소령이 자신의 신념이 담긴 문구의 번역을 문의하자, 그 기체를 책임지는 정비사인 기장(機長:Crew Chief) 최원문과 그의 조수인 기부(機附) 이정보가 의논 끝에 만들어 낸 문구가 바로 '신념의 조인(信念의 鳥人)'이었습니다.

그리고 그 문구를 엔진 카울링(Cowling:비행기의 엔진 덮개) 왼쪽에 써 달라는 헤스의 요청을 받은 한국 정비사들은 인근 영등포의 간판집 사람을 기지로 불러들여 첫 번째 작업을 진행하게 합니다. 이렇게 해서 '신념의 조인' 그 첫 번째 형태가 만들어지게 되었습니다. 아래에는 여러 사진을 바탕으로 최대한 그 형태에 가깝게 옮겨 보았습니다.

글자 각각의 크기와 글자 간의 간격이 불규칙하지만, 다른 획으로 넘어가는 곳이나 획이 꺾이는 부분 등 곳곳에서 힘을 주어 눌러 쓴 흔적이 보일 만큼 개성적인 모습을 하고 있습니다.

信念의 鳥人!

이후 국군과 연합군이 빠르게 북진하면서 그와 함께 우리 공군도 평양의 미림기지로 북진합니다. 이때 헤스는 한쪽에만 씌어진 '신념의 조인'을 오른쪽에도 써 달라는 요청을 하고, 이번에는 평양의 한 간판집에서 사람을 데려와 카울링 오른쪽에 글씨를 씁니다. 하지만, 다른 사람의 글을 그대로 옮겨쓰기 힘들다는 평양 간판집 사람의 말에, 기존 왼쪽의 글자와는 다른 글자체의 '신념의 조인'이 비행기의 오른쪽에 쓰여지게 되면서, 좌우에 각각 남한과 북한에서 쓰여진 문구가 동시에 그려진 기체가 탄생합니다.

반대쪽 글자 형태와 사뭇 다른 직선적인 느낌이 분명해서 오히려 더 선명한 대조를 이루고 있고, '사람 인'자 오른쪽에 따옴표처럼 보이는 두 개의 점이 또 다른 개성을 부여하고 있습니다.

信念의 鳥人!

왼쪽   오른쪽

평양에서 나머지 한쪽에 글자를 써 넣고 얼마 있지 않아 중공군의 개입으로 우리 공군과 헤스 소령은 다시 대전기지로 후퇴를 합니다. 헤스는 대전기지에서 활발한 전투 임무를 진행하고 사정이 나아지자 다시 여의도기지로 옮겨 적극적으로 출격합니다. 이 과정에서 기체의 글자는 배기 그을음에 가려져 점점 희미해집니다.

이렇게 헤스 대령의 '신념의 조인'이라는 도장은 1년 여의 시간 동안 한국군의 이름으로 우리 공군과 함께했고, 전쟁의 흐름에 따라 여러 종류로 존재했습니다. 이때 헤스와 함께한 초기의 전투 경험은 이후 한국 공군의 독립과 성장에 커다란 디딤돌이 되었습니다.

신념의 조인 세 번째 버전 18번 기체의 정비기장이었던 최원문 상사가 앞에 서 있습니다.

좌우측의 신념의 조인이 남과 북에서 각각 쓰여져 묘한 짝을 이루었지만, 평양 미림기지 당시 그려진 글자는 쉽게 벗겨져 몇 번이나 덧칠을 해 보았으나 종국엔 지워버릴 수밖에 없었습니다.

지금 와서 생각해 보면 사진이나마 구할 수 없는 것이 한 가닥 아쉬움으로 남습니다.

<최원문 예비역 대령>

왼쪽 　　　　　　　　　　　오른쪽

헤스의 출격 횟수가 계속 증가하면서 글자가 점점 희미해지자, 이를 아쉽게 여긴 최원문 예비역 대령은 그 바탕에 바람처럼 빠르게 나는 형태의 하얀 도형을 그려 넣었고 그 모습은 위와 같이 정리됩니다.

헤스 대령이 우리나라에서의 1년간의 임무를 마치고 본국으로 돌아간 직후인 1951년 8월 20일, 태풍 마지(Marge)가 초속 18m의 강풍과 200mm의 많은 비로 제주 지역을 휩쓸게 되면서 신념의 조인기를 비롯한 우리 공군의 무스탕은 제주도에서 평택 비행장으로 일시 대피합니다. 이 과정에서 활주로를 벗어나던 중에 착륙하고 있던 미 공군 제18전폭비행단 소속의 F-51D기가 18번기의 캐노피 뒷면 동체를 프로펠러로 깊게 긁어 기체가 완전히 손실되는 사고가 일어납니다.

이렇게 파손된 18번기는 여의도 비행장으로 운반되어 수리재생이 시도되었지만 안타깝게도 전장에서의 생은 여기서 마감하게 됩니다. 이로써 다른 나라의 전쟁에 참전한 한 외국인 조종사의 기체이자, 그 조종사의 신념을 의미하는 문구를 전쟁이 일어났던 나라의 언어로, 남과 북이라는 전쟁의 양 진영에서 적어넣은 채 달리던 이 사연 많은 기체는 전장에서 물러납니다.

하지만, '1953년 3월 22일 이 18번기가 플랩과 수평꼬리날개, 그리고 라디에이터의 공기 배출창을 교환하기 위해 F-51D의 주기지인 강릉기지를 찾았고, 10일 후인 4월 2일 작업을 끝마치고 사천기지로 복귀했다'고 최원문 예비역 대령은 자신의 자서전에 남겨 놓고 있습니다. 이를 바탕으로 18호기는 결국 수리재생이 되었으나 실전에서는 운용하지 못하고 당시 공군의 교육을 담당했던 사천기지에서 교육훈련에만 한정적으로 운용이 되었을 것으로 추측해 볼 뿐, 실제 그렇게 운용되었는지, 혹은 어떻게 그 생을 마쳤는지에 대한 정확한 문서나 증언은 확인되지 않고 있습니다.

회색 영역은 지상에서 움직일 때 조종석에서 보이지 않는 부분

당시의 프로펠러기 대부분은 지상에서 기체의 앞쪽이 치켜올려지는 구조였기 때문에 위 그림에서처럼 정면이나 그 아래쪽을 향한 시야는 극히 제한되어 있습니다. 이 사건은 어쩔 수 없는 기체의 구조적 한계와 조종사의 순간적인 부주의로 일어난 사고일 것으로 추측됩니다.

숫자의 형태는 초기 인도된 상태 그대로 부드러운 원형을 하고 있습니다.

10월 중순, 기체를 정비하던 기장 최원문 상사를 뜻하는 'C/C W. M. CHOI'라는 글씨가 쓰여졌다고 인터뷰가 남아있으나, 사진으로는 'C/C W. M. CHAI'가 남아 있습니다.

기체가 인도될 당시 존재했고, 51년 3월 말까지는 이 형태가 확인되고 있습니다.

프로펠러 아래 흡입구는 붉은색이 확인됩니다.

글자의 배열은 실제 기체에 적용되었을 때 이런 기울어진 형태를 하고 있습니다.

태극마크는 기본적인 미 공군의 국적마크에서 중앙 부분만 태극마크로 교체했습니다. 하지만 이 초기형에선 옆 사각형 부분이 약간 위로 치우쳐진 것이 눈에 띕니다.

국적마크 'K'의 형태 또한 기체가 인도된 직후부터 51년 3월까지는 이와 같이 얇은 형태를 하고 있습니다.

Ver.01 여의도(1950년 10월 13일 이후~10월 말)

이 시기 형태의 제일 큰 특징은 영등포 간판집 사람이 작업한 기체 왼쪽에 그려진 문구입니다. 기본 도장과 마킹은 초기 기체가 인도된 상태의 사진과 당시 기체를 책임지고 정비했던 최원문 예비역 대령의 인터뷰 내용과 자료사진을 바탕으로 구성했습니다. 개전 직후 한국 공군은 미군에게서 10대의 F-51D 무스탕을 공여받았지만 한국군과 미군 모두 낯설거나 너무 오랜만의 조종이었기 때문에 적응 시간이 필요했습니다. 때문에 초기 2개월의 작전기간 동안 5대의 무스탕을 잃을 수밖에 없었는데, 이후 추가로 무스탕이 한국군에게 인도되면서, 이전까지 특별히 정해진 기체가 없이 여러 기체를 돌아가며 조종했던 헤스는 초기 인도분을 포함해서 총 18번째로 인도된 기체를 자신의 전용 기체로 사용하게 됩니다.

'신념의 조인'이 그려지지 않은 18번기 헤스에게 인도된 직후로 보이는 사진으로, 기체 중앙에는 이전 파일럿의 흔적으로 보이는 '라스트 찬스(LAST CHANCE)'라는 문구가 보입니다. 초기의 국적 알파벳 K와 숫자, 그리고 태극마크의 형태가 잘 드러나 있습니다. 이 사진에는 스피너의 프로펠러 부분이 검고 두터운 라인으로 도색되어 있지만 남아있는 다른 사진에서는 그런 형태가 보이지 않아, 초기에 이런 형태가 사용되다가 이후 교체된 것으로 보입니다.
<출처: http://www.swissmustangs.ch/20214/20376.html>

*격자선은 수평 수직에 대한 기준일 뿐 크기와는 관련이 없습니다.

오른쪽 캐노피 손잡이 아래쪽에는 이 기체의 조종사 'Col. Dean E. Hess' 가 적혀있습니다.

앞에서 소개된 왼쪽에만 문구가 있던 형태와 양쪽에 문구가 있던 이 형태는 사진자료에 따르면 최소한 51년 3월, 그리고 최원문 대령의 증언에 따르면 4월 즈음까지 유지되었던 것으로 보입니다. 헤스 대령이 한국에서 대략 12개월 가량 복무했지만 18번기를 전용기로 사용했던 것이 10여 개월임을 감안하면 이 형태가 8개월 정도로 가장 오래 운영되었고, 이후 소개될 나머지 두 가지 형태가 나머지 2개월 정도 운영되었던 것으로 보입니다.

아래 보이는 오른쪽 면의 두 사진에서 확인되듯이 이전 기체의 'Last Chance'라는 문구도 있습니다.

우측 역시 기체에 적용되면 이렇게 기울어져 있습니다. 따옴표와도 같은 표시와 직선이 강조된 형태가 특징입니다.

Ver.02 평양(1950년 10월 말~1951년 4월)

남한의 여의도에서 기체의 왼쪽에만 문구를 그린 지 두 달 후, 바우트-원 부대와 한국 공군이 평양 미림기지에 전진배치되면서 비로소 오른쪽에도 같은 내용의 문구가 다른 형태로 그려집니다. 이로써 헤스가 원했던 '신념으로 하늘을 난다'는 자신만의 글귀가 그 나라의 글자로 기체 양쪽에 채워지게 됩니다.

1951년 3월 일본 미호비행장에서 촬영한 신념의 조인 평양 미림기지에서 비행기 우측에 쓴 문구와 태극마크, 그리고 노란색 띠 모양과 이전 도장을 지운 흔적까지 잘 관찰됩니다.
<출처: Mustangs Over Korea : The North American F-51 at War 1950-1953, David R. McLaren>

초기 여의도기지에서 찍은 신념의 조인 흑백이지만 각각 중요한 부분의 위치나 특징을 잘 알아볼 수 있습니다.
<출처: 제10전투비행단 이강화 예비역 준장>

숫자의 형태가 곡선형에서 직선 형태로 바뀌었으며, 이 때 함께 기체를 운용하던 한국 공군의 숫자 표기와 비슷한 형태를 하고 있습니다.

이 시기 도장에는 아래 사진에서 보이듯 숫자 18 위의 검은색 마킹에 작은 단차가 보이고, 같은 버전의 사진에서도 이와 같은 특징이 발견됩니다.

비행기에 탑승할 때 조종사가 잡는 손잡이에 붉은색이 추가되었습니다.

초기의 노란색 띠는 후기 2개월여의 버전에서는 확인되지 않습니다.

프로펠러 아래 흡입구의 붉은색이 없어졌지만 일시적인 것으로 보입니다.

배터리 냉각용 흡입구에도 붉은색 디테일이 추가됩니다.

수직꼬리날개의 국적식별마크 'K'의 두께도 이전보다 두꺼워졌습니다. 이 시기 대한민국 공군기의 꼬리 날개 국적 마크 역시 대부분 이런 형태를 하고 있습니다.

희미해진 기존의 글자를 그대로 놔둔 채로 바탕에 흰색 페인트를 칠했습니다. 이 작업을 직접 했던 최원문 예비역 대령은 '바람처럼 빨리 나는 느낌'을 그렸다'고 증언했습니다.

태극마크를 구성하는 색이 변경됩니다. 기존 태극무늬 옆 부분의 색과 흰색, 붉은색의 위치가 바뀌었고 각각의 두께도 비슷해집니다.

Ver.03 여의도(1951년 4월~?)

1.4 후퇴 후 활발해진 전투 작전으로 출격 횟수가 늘어나자 배기구 바로 아래 있던 글자가 흐릿해집니다. 그래서 흰색 바탕의 배경을 양쪽에 그려 넣습니다. 이 시기 대한민국 공군은 훈련에 집중하면서 대한민국 공군기의 마크나 표식이 정형화되고, 부분적으로 붉은색이 추가되는 등의 변화가 생깁니다.

18번기에 연료를 보충하는 정비사들 후기 2개월 간 사용된 신념의 조인의 마크와 숫자 '18'의 형태, 그리고 변형된 태극마크의 형태가 분명하게 확인되는 사진으로, 캐노피 프레임의 손잡이 부분 아래 정비사와 관련된 마킹이 보입니다. 당시 기체의 정비 기장인 최원문 상사의 성인 '최'에 대한 표기가 'CHAI'라 고 마킹되어 있습니다.
<출처: 제10전투비행단-공군 역사기록단>

오른쪽 특유의 글씨체만 제외하면 왼쪽과 특별하게 다른 점은 발견되지 않습니다.

信念의 鳥人!

유튜브 "By Faith I Fly", the Dean Hess story 공개된 동영상에서 아래와 같은 이미지를 캡쳐할 수 있었는데, 컬러 이미지로는 유일하게 이 시기 도장의 형태를 확인할 수 있습니다.
<출처: "By Faith I Fly", the Dean Hess story http://www.youtube.com/watch?v=_jVPvU1PmlM2:10>

여의도기지의 정비사들 최원문 예비역 대령이 보관하고 있는 개인 사진으로 1951년 4월, 신념의 조인기를 배경으로 여의도기지로 보충되어 온 정비사들과 함께 찍은 사진입니다.

Ver.04 여의도-검은라인(1951년 4월~?)

앞서 소개한 흰 바탕에 검은색 테두리가 더해진 이 형태는 최원문 예비역 대령에게 직접 문의하였으나 '이렇게 작업했던 기억이 없고, 이런 형태에 대해 아는 바는 없다.'는 답변을 들었습니다. 하지만 몇 장의 사진이 남아있기 때문에 일러스트와 함께 그 사진을 소개해 드립니다. 더불어, 이 형태와 함께 앞서 소개한 선이 없는 형태는 2개월여의 기간 동안만 적용되었으며, 두 형태가 사용되었던 것은 확실하지만 어떤 것이 먼저 사용되었는지, 그 전후에 대해서 확신할 수 있는 명확한 증언이나 자료가 없음을 알려드립니다.

제주도 모슬포비행장의 신념의 조인기 제주도 모슬포 비행장에서 우리나라 공군 조종사 및 훈련생과 함께 촬영한 사진입니다. 초기와 달리 직선형으로 변한 숫자와 함께 태극 마크가 뚜렷이 확인되며, 부분적으로 국적마크의 일부분이 보입니다.
<출처: 제10전투비행단-이강화 예비역 준장>

미 공군 국립박물관 홈페이지에 소개된 신념의 조인기 흰색 마크 위의 배기 그을음이 진하고, 또 그 명암 차이가 18이 표기된 부분과 너무나 뚜렷하게 구분되어 붉은색이나 혹은 진한 회색 정도로 해석될 여지가 있었지만, 다른 여러 사진과 비교해 본 바로는 별도의 색이 사용되지는 않았던 것으로 보입니다. 최원문 예비역 대령 역시 '흰색 이외의 색을 18번기에 사용하지 않았다'고 전하고 있습니다.

왼쪽 면과의 차이라면 수동 시동을 위한 외부 연결구의 위치 때문에 '신념의 조인' 중 '신' 자 밑의 작은 동그라미 라인이 생긴 것 정도입니다.

사천비행장에 주기된 신념의 조인기 역시 수원 제10전투비행단에서 제공한 이강화 예비역 준장의 자료사진으로 유성 형태를 하고 있는 도장 형태가 명확히 보여지는 사진입니다. 1951년 7월 경남 사천기지에서 촬영된 사진으로 여기 사천기지에서는 조종사들의 훈련이 집중적으로 이루어졌고, 실력을 인정받은 조종사는 강릉기지로 이동해서 전투작전에 투입되었습니다.

1.4후퇴 이후, 활발하게 전투 작전을 펼치면서 배기구 그을음으로 흐릿해진 글자를 강조하기 위해 흰색 바탕의 유성을 양쪽에 그려 넣게 됩니다. 이때 양쪽의 글자는 그 형태가 미세하게 변형되었을 것으로 보이며, 부분적으로 붉은색이 추가되는 디테일한 변화가 있습니다.

이렇게 헤스의 신념의 조인에 관한 내용과 함께 구체적인 사진과 시간의 흐름에 따른 도장의 형태를 정리했지만 정확한 도장을 재현했다기보다는 제한된 데이터를 활용한 최선의 해석이었다고 말씀드릴 수 있겠습니다. 때문에 이후 보다 구체적인 자료사진이나 인터뷰를 확보한다면 위에서 안내했던 도장 형태는 또 다시 달라지게 될 것입니다. 하여 독자께서는 적어도 도장에 관한 내용에 한해서는 정확한 자료로서 인식하기보다는 현 시점에서는 실제 기체에 가장 근접한 도장의 형태 정도로 기억해 주셨으면 합니다.

3 전장의 하늘을 지키던 가장 높은 힘
6.25전쟁 초기의 연합군 항공기

끊임없이 능선을 점령하고 산악지대를 통과해야 하는 보병들에게 있어 6.25전쟁은 결코 쉽지 않은 전장이었지만, 연합군 공군은 소련의 신형 제트기가 등장했던 한 시점을 제외하면 종전까지 절대적인 위치를 내준 적이 없을 정도로 우위에 있었습니다. 이번 Flight Records에는 전쟁 초기 한국의 하늘을 날았던 연합군의 공군기, 그 중에서도 본 만화의 내용 중에 등장했던 세 가지의 항공기를 소개합니다.

전쟁 초기에는 미군이 가장 먼저 한국에 공군 병력을 투입했지만 한국 내 미국인들의 후송 목적으로 이루어진 긴급 후송 작전이 대부분이었습니다.

F-80C 슈팅스타(Shooting Star)

그 중 가장 먼저 등장한 기종이 바로 일본에 배치되어 있던 최신예기 F-80C 슈팅스타(Shooting Star)였는데, 당시 한국에는 제트기를 운용할 비행장이나 시설, 인원이 없었기 때문에 주일미군 기지에서 운용되었습니다. F-80은 1943년 개발을 시작해서 1950년 6.25전쟁에 투입된 최초의 실용제트기로서 유성처럼 빠르다는 의미로 슈팅스타(shooting star: 유성)라는 별명을 부여받은 기체입니다.

F-80은 6.25전쟁 최초로 북한 전투기를 격추시킨 기체로, 전쟁이 일어난 다음 날 IL-10 프로펠러기를 격추했습니다. 권승환 예비역 중령의 회고에 따르면, 26일 오전에는 YAK기가, 오후에는 IL-10기가 공격해 왔습니다. 그때 미군기인 F-82 트윈 무스탕이 YAK기를, F-80이 IL-10을 각각 격추시켰다고 합니다.

격추된 IL-10 프로펠러기 개전 첫날에는 김포공항이나 남한 각지를 기습공격했던 공포의 기체였지만 연합군의 빠른 참전으로 금방 격추되고 맙니다.

슈팅스타는 미 공군에서 제작한 제트 엔진 기체 가운데 가장 성공적인 케이스로, 미 공군의 제트세대 전환을 이끌어낸 항공기라고 할 수 있습니다. 이 전투기를 구상하고 만든 것은 미국이었지만 성공적인 비행을 가능하게 만든 것은 앞서 언급했던 F-51D 무스탕의 경우와 같이 영국의 제트엔진 기술이었습니다.

초기형 XP-80 F-80은 제2차 세계대전 당시 제트엔진에 대한 기술이 부족했던 미국이 영국에게 전쟁물자를 지원하는 대신 영국의 제트엔진 기술을 제공받아 생산된 기체였습니다.

이 기체의 개발은 록히드마틴 사의 '스컹크 웍스(Skunk Works) 팀'에 의해 주도되었는데 이 팀은 '고성능 항공기 개발을 위한 프로젝트 팀'으로, 28명의 엔지니어로 구성되었습니다. 당시의 초기 스컹크 웍스 팀은 록히드 사의 초기 제트 항공기 발전에 핵심적인 기여를 합니다. 이후 세계에서 가장 빠른 정찰기인 SR-71과 세계에서 가장 높은 고도로 비행하는 정찰기 U-2, 세계 최초의 실용 전투폭격기인 F-117, 그리고 최초의 실용 스텔스 전투기 F-22가 이 프로젝트 팀에 의해 설계됩니다.

하지만 첫 실용 제트 전투기를 목표로 했던 만큼, 일부 파일럿이 사고로 죽거나 등뼈가 부러지는 등 테스트 기간 중 수많은 사건을 겪게 됩니다. 1945년 1월 또 다시 사고로 파일럿이 사망하면서 시험 비행이 지연되었고 그 외 몇몇 사건들로 인해 제2차 세계대전에서는 활약할 기회를 얻지 못합니다. 하지만 이후 꾸준히 개량되어 48년과 49년, 서독과 일본에 실전 배치되었고 1950년 최초의 실전을 한국의 하늘에서 경험하게 됩니다. F-80은 전쟁 초기부터 대부분의 작전에서 성공적으로 운용되었고 50년 11월, 세계 최초로 제트기 대 제트기의 공중전에서 승리한 기체로 기록됩니다. 하지만 새롭게 등장한 공산진영의 MiG-15에 비해 전반적인 성능에서 열세를 보여 새롭게 등장한 미공군의 F-86 세이버(Sabre)에게 공중임무를 내주고 지상공격으로 임무를 전환해 종전까지 꾸준히 활동합니다.

첫 실전과 제트기와 첫 공중전까지 수많은 첫 경험을 한국의 하늘과 함께했던 F-80 슈팅스타는 종전 이후, 2열 조종석과 더 길어진 동체를 가진 T-33이라는 훈련기로 생산되어 우리나라를 비롯한 20여 개국에서 운용됩니다.

F-84 썬더제트 편대 우측의 작은 그림은 같은 회사에서 개발한 P-47 썬더볼트입니다.

F-84 썬더제트(Thunderjet)

제트기라는 이름에 딱 맞게 날렵한 동체를 가진 F-84 썬더제트는 9화에 등장한 바 있는 헤스의 기체였던 P-47 썬더볼트(Thunderbolt)를 만들었던 리퍼블릭(Republic Aviation) 사의 첫 제트전투기로 공중급유와 핵폭탄 탑재가 가능한 최초의 미 공군 주간전투기로 개발되었습니다.

1944년 리퍼블릭 항공사의 수석디자이너 알렉산더 카트빌(Alexander Kartveli)은 기존 피스톤 엔진을 사용한 프로펠러기 P-47 썬더볼트의 동체에 제트엔진을 시험장착했지만 초기의 터보제트엔진이 가진 부피가 너무 컸기 때문에 실패할 수밖에 없었습니다. 이후 더 작아지고 길이가 길어진 신형 터보제트엔진이 등장하자 이에 맞게 유선형의 동체를 다시 설계, 제작한 것이 바로 F-84 썬더제트였습니다.

처음 적용했던 초기의 제트엔진은 엔진을 둘러싼 원심압축기라는 부품이 너무 컸기 때문에 육중한 크기의 P-47 동체에 넣는 것조차 불가능했습니다. 하지만 새롭게 만들어진 엔진의 원심분리기는 엔진과 직렬로 배치되어 이전보다 가늘고 긴 형태로 만들어져 썬더제트의 날렵한 라인을 만들어 주게 됩니다.

이렇게 출발한 썬더제트는 F-80 슈팅스타를 제작했던 록히드 사가 디자인을 맡고, 리퍼블릭 사는 경쟁 없이 생산을 하기로 결정하면서 이름 앞에 '썬더(Thunder)'를 붙이는 리퍼블릭 항공사의 전통에 따라 썬더제트(Thunder-Jet)라는 이름을 갖게 됩니다.

썬더제트는 전술핵 운용을 고려하고 제작한 기체였기 때문에 그 점을 활용하고자 하는 미 공군의 다양한 실험에 사용되기도 했습니다. 현재의 시점에서 보면 황당하다는 말이 나오고도 남을 만큼 유별난 시도이기도 했지만 또 어떤 면에서 보면 이미 만들어진 아이템의 능력을 최대한 끌어내기 위한 최선의 노력이기도 했습니다.

전술핵 전투기 수송 프로그램인 FICON 프로젝트와 비슷하지만 좀 더 별난 프로젝트로 'Tom-Tom' 프로젝트가 있었습니다. 이 프로젝트는 특별히 개조된 EB-29A 폭격기 한 대와 두 대의 F-84가 사용되었는데 각각의 날개 끝에는 공중급유장치가 만들어졌고, 연료를 공급할 EB-29A의 양 날개에도 그와 같은 장비가 장착되었습니다. 일반적인 비행으로도 맞을 수 있는 각종 돌풍과 난기류 등 예상되는 악조건까지 감안하면 위험천만한 프로젝트가 아닐 수 없었는데, 결국 1953년 4월, 한 대의 썬더제트가 충돌사고로 파괴되면서 이러한 프로젝트는 취소됩니다.

마치 '1942'라는 오래된 슈팅게임의 한장면처럼 느껴지는 이 'Tom-Tom 프로젝트'는 결국 시험 중이던 한 대의 F-84와 조종사 한 명의 죽음으로 막을 내리게 됩니다.

FICON 프로젝트 FICON(Fighter Conveyor : 전술핵 전투기 수송) 프로그램의 일환으로 F-84의 전술핵 운용 기술 반경을 넓히기 위해 B-36 피스메이커(Peacemaker) 폭격기의 폭탄창에 연결해서 비행 및 재결합 테스트 비행을 하는 모습입니다.

Tom-Tom 프로젝트 'Tom-Tom' 프로젝트는 FICON 프로젝트와 비슷하지만 좀 더 별난 프로젝트였습니다. 이 프로젝트에는 특별히 개조된 EB-29A 폭격기 한 대와 두 대의 F-84가 사용되었는데 각각의 날개 끝에는 공중급유장치가 만들어졌고, 연료를 공급할 EB-29A의 양 날개에도 그와 같은 장비가 장착되었습니다.

제트엔진과 함께 프로펠러를 장착한 XF-84H 썬더스크리치 (Thunderscreech) XF-84H는 최신 프롭엔진기술 덕분에 프로펠러 항공기 중 가장 빠른 속도를 낼 수 있었지만 음속에 도달하지는 못했고 정비는 매우 까다로웠던 반면 성능은 기대 이하여서 결국 실험기로 종결되고 말았습니다.

XF-84H라는 시험기체는 제트기에 비해 연료소모도 적고 오랫동안 공중에 머무르며 이착륙의 속도가 낮은 프로펠러기의 장점을 활용하기 위해 만들어졌습니다. F-84와 달리 T형의 꼬리 날개와 프로펠러가 함께 장착된 특이한 형태의 실험기였습니다. 총 두 대의 실험기체를 만들어 12번의 이착륙 실험을 진행하는 가운데 단 한 번을 제외하고는 실험 항공기의 엔진에서 아주 크고 날카로운 이상소음이 발생했고, 이 때문에 날카로운 소음 소리를 뜻하는 스크리츠(screech)라는 단어를 붙여 '썬더스크리치'라는 불명예스러운 별명을 얻고 난 후에야 실험이 종결됩니다.

썬더제트는 F-80 슈팅스타에 비해 높은 고도에서의 기동성과 행동반경이 더 우수했고 무장능력도 앞섰습니다. 하지만 첫 비행을 한 지 3년이 지난 1949년, F-84E형에 이르러서야 안정된 성능을 보여주었고 이어서 개량된 1951년 F-84G형에 이르러 3000Km가 넘는 항속거리를 지니게 되면서 우수한 성능을 가진 항공기로 탈바꿈할 수 있었습니다.

하지만 후퇴익을 가진 최신예기 미그-15를 감당해 내기엔 역부족이었고 이후 미그-15와의 공중전은 동일한 후퇴익을 가진 F-86A 세이버에게 맡겨지고 F-84는 주로 지상공격 위주의 임무에 투입됩니다.

F-84 썬더제트 F-84는 1947년 실전배치되었음에도 엔진과 동체의 구조적 결함 때문에 한때 실전배치가 재검토되기도 했습니다. 게다가 유지보수의 어려움으로 '정비사의 악몽'이란 별명으로 불리기도 했으며 운용 중 동체에 찌그러짐이 생기는 결함으로 비행속도를 제한해야 하는 등 많은 결함과 시행착오를 겪었던 기체이기도 했습니다.

6.25전쟁 당시 지상목표를 향해 5인치 로켓을 발사하는 썬더제트 F-84 썬더제트는 전반적인 성능이 F-80 슈팅스타보다 높았습니다. 이듬해 등장한 공산진영의 신형 전투기 미그-15기 1대를 격추하면서 전쟁 초기에는 제공권을 장악할 주인공으로 기대를 모았습니다.

미그-15와의 1:1 공중전에서 역부족이었던 F-84는 8기의 미그-15를 격추하지만, 그 두 배가 넘는 18기가 격추된 기록을 갖고 있습니다. 하지만 장거리 운용능력과 고고도에서의 스피드, 그리고 뛰어난 무장 적재력을 바탕으로 전쟁기간 중 총 86,000여 회의 출격, 지상목표의 60%라는 공격 성공률을 기록한 기체이기도 합니다.

500파운드 폭탄과 5인치 로켓을 장비하고 있는 F-84 날개 끝 3개의 선은 대대장기를 의미합니다.

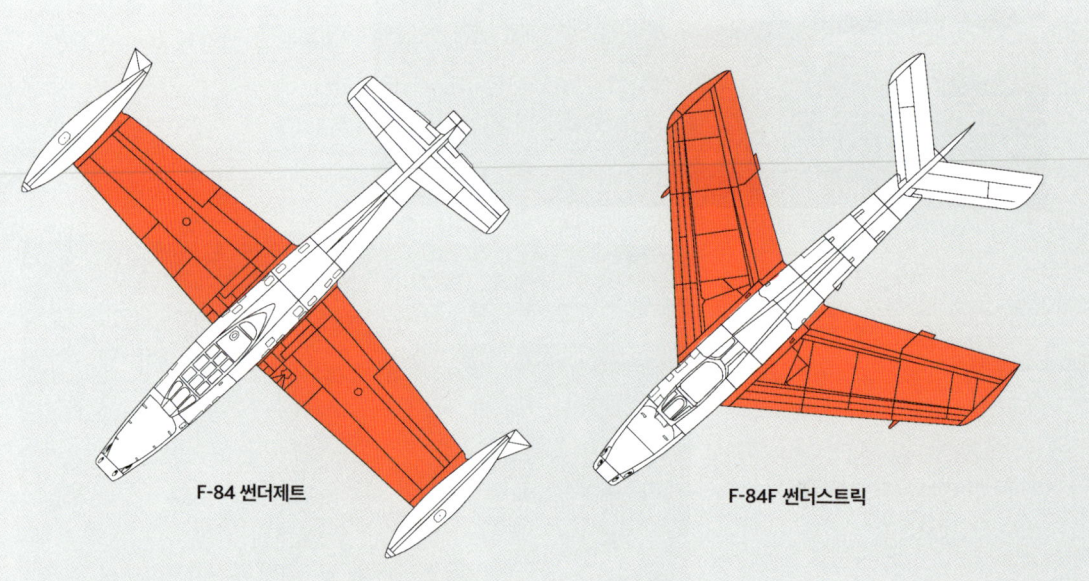

F-84 썬더제트

F-84F 썬더스트릭

6.25전쟁이 끝난 뒤, 1954년에는 수평형의 주날개를 뒤로 젖혀진 후퇴익으로 다시 설계하여 F-84F 썬더스트릭(Thunderstreak:번갯불)이라는 완전히 다른 형태의 항공기로 다시 태어납니다.
F-84 썬더제트는 이후 개량된 버전을 포함 총 7,000여 기가 넘게 생산되어 나토 국가들에 의해 운용되었고, 1948년 부터 1958년까지는 미 공군 특수비행팀인 썬더버드가 사용한 기체로 일반 항공팬들에게 널리 알려지기도 합니다. 썬더볼트는 직선익의 썬더제트와 후퇴익의 썬더스트릭 두 종류를 사용했습니다.

A/B-26 인베이더(Invader)

B-26 인베이더 6.25 전쟁이 발발한 첫 주 일본 이와쿠니 공군기지에서 출격했던 그림 리퍼(Grim Reaper) 폭격 대대의 B-26 인베이더

A-26 더글라스(Douglas), B-26 인베이더(Invader: 침입자, 침략자)는 제2차 세계대전과 6.25전쟁 그리고 20여 년 뒤인 베트남 전쟁까지 오랜 기간 활약했던 쌍발엔진의 경폭기로, 날렵하지도, 그렇다고 둔하게 생기지도 않은 적당한 외모와 독특한 컬러로 눈길을 끄는 매력이 있는 기체로 6.25전쟁 당시엔 야간공격기로도 활약한 항공기입니다.

B-26 인베이더는 1947년 미 공군 창설 이전엔 이니셜 A(Attack)로, 미 공군 창설 이후에는 이니셜 B(Bomber)의 폭격기로 분류된 폭격기와 전투기의 중간 정도에 해당하는 항공기였습니다. 흔히 폭격기라고 하면 원자폭탄 투하로 유명한 B-29와 제2차 세계대전 당시 유럽에서 활약한 B-17 정도를 들 수 있겠지만 이 B-26은 일반 폭격기에 비해 월등히(?) 작은 덩치를 갖고 있습니다.

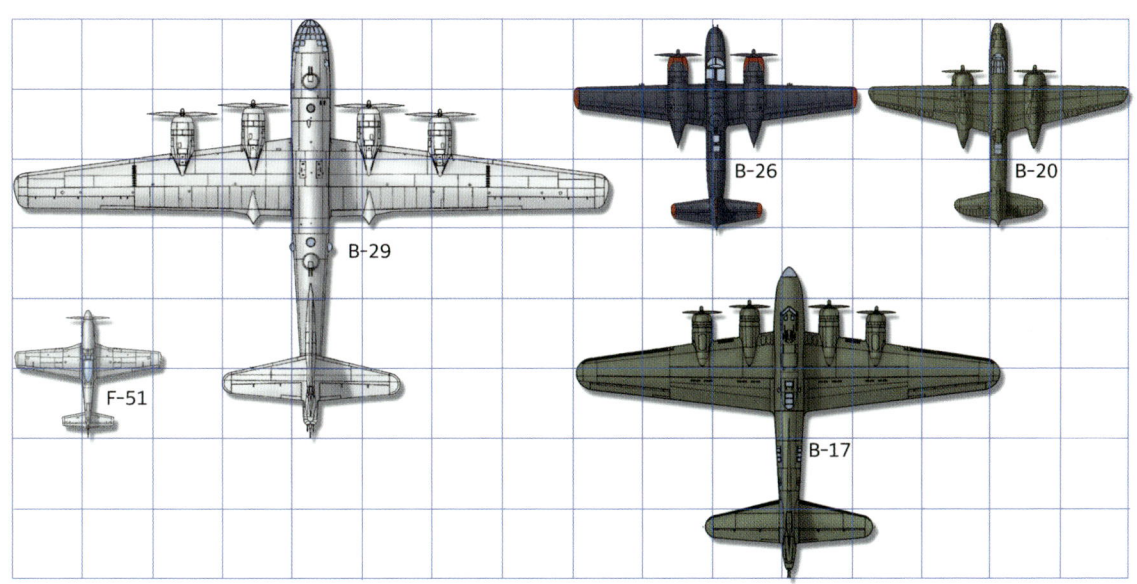

<파란색 사각형은 가로 세로 대략 5m의 정사각형>

A-26의 시제기 XA-26 경폭격기는 제2차 세계대전 때부터 꾸준히 새로 개발되었습니다.

A-26 이전 기종이었던 B-20 하복 역시 기수에 기관총 4정과 위아래 각각 두 정씩의 기관총을 장비하고 있어 A-26 이전에 이미 대지 공격형 경폭격기의 기본적인 모습을 갖추고 있었습니다.

A-26 인베이더는 같은 회사인 더글라스 사에서 1939년 제작한 A-20 하복(Havoc:대파괴)의 성능 향상 목적으로 만들어진 XA-26이라는 시험제작기로부터 출발합니다. 세계대전 중인 1942년 7월 첫 비행을 하고, 그 결과 크기와 외형은 비슷하면서도 행동반경과 무장능력은 월등히 나아진 A-26 인베이더가 만들어집니다. A-26은 총 세 가지의 개발 원형으로 출발한 두 가지 버전이 만들어져 제2차 세계대전 후기 실전에 배치되지만 곧 종전을 맞습니다. 1947년 공군이 육군으로부터 분리되면서 A-26은 B-26으로 제식명칭이 변경, 이후 6.25전쟁에서 B-26 Invader란 이름으로 활약하게 됩니다.

인베이더는 세가지 개발 원형 중에서 최종적으로 기수에 여섯 정의 기관총과 동체 중앙 위아래에 각각 한 정의 기관총좌를 설치한 A-26B와, 기수에 투명 유리를 장착한 A-26C 크게 두 가지의 형태로 제작됩니다.

A-26 왼쪽이 A-26B, 오른쪽이 A-26C입니다.

투입된 첫 해 동안 B-26은 일본기지에서 출격했기 때문에 각종 무장이나 탄약 대신 연료를 더 많이 실을 수밖에 없었지만 1951년 봄과 여름, 군산과 부산으로 제3폭격전대와 452폭격전대가 기지를 옮기면서 더 적극적인 작전 수행이 가능해집니다.

전쟁 초반에는 지상 목표를 위한 주간 폭격과 공격이 주를 이루었지만 연합군의 공격 때문에 공산진영은 탄약과 보급 물자를 야간에만 운반하게 됩니다. 이런 상황에 대처하기 위해 인베이더는 검은 도색과 각종 부가 장비를 장착하고 야간폭격 임무를 맡습니다.

당시 야간 전투기로는 F-82 트윈 무스탕이 있었지만 기체의 수량도 적었고 일본에서 출격해야 했기 때문에 효율성이 떨어졌습니다. F-80 슈팅스타와 F-84 썬더제트는 제트엔진이 전장에 도입된 지 얼마되지 않은 시점이었기 때문에 야간공격에 대한 기술적 경험도 부족했고 기본적인 속도도 너무 빨라 적합하지 않았습니다. F-51D 무스탕 역시 야간 전투를 염두하고 만든 기종이 아니었기 때문에 야간사격 시 기관총구의 불꽃이 조종사의 시계에 큰 부담을 주어 조종사의 안전에 위협이 되었다고 합니다. 그렇기 때문에 B-26 인베이더는 전쟁 당시 주간 뿐만이 아니라 야간공격에서 중요한 축을 담당하게 됩니다.

통상 야간의 적을 발견하기 위해서 적외선 장비가 설치되었는데, 이 기술은 6.25전쟁이 지나면서 더욱 발전되었습니다. 다른 방법으로 날개에 서치라이트를 장착하는 방법이 있었지만 대신 쉽게 적 대공화기의 표적이 되기도 했습니다.

실제로 1951년 9월 존 S. 웜슬리 주니어(Captain John S. Walmsley Jr.) 대위가 당시 수송열차를 공격하고 있던 중 기관총이 고장나자 서치라이트를 켜 목표를 비추어 주었지만 임무를 성공시키는 대신 자신은 격추당하고 맙니다.

B-26 인베이더는 개전 3일 만인 1950년 6월 28일 북한 지역으로 첫 작전에 투입되었고 다음 날인 29일에는 평양 외곽 지역에서 폭격임무를 수행, 38,500대의 차량, 406대의 기관차, 3,700량의 화물차와 7대의 지상 항공기를 파괴했고 1953년 7월 27일 휴전이 되기 24분 전까지 미 공군의 폭격 임무를 수행하게 됩니다.

야간공격을 위해 날개에 서치라이트를 장착한 모습입니다.

폭격 임무를 수행하는 B-26 B-26은 6.25전쟁의 시작부터 마지막까지 총 4만여 대가 넘는 지상 차량을 파괴하는 혁혁한 전과를 세우며 활약했습니다.

1953년 6월 촬영한 K-9 부산공군기지 왼쪽으로는 B-26이 활주로 옆에 세워져 있고, 화면 중앙으로 퀀셋(Quonset)이라 불리는 간이 건물이, 그리고 오른쪽으로 천막 막사가 보입니다.

바우트원 참고문헌 목록

『6.25전쟁 증언록』, 공군본부.
『6.25 참전 수기집』, 공군본부.
『격동의 구한말 역사의 현장』, 조선일보사, 1986.
『공군사』, 공군본부, 2010.
『내가 겪은 한국전쟁과 박정희정부』, 도서출판선인, 2004.
『미공군 제6146부대 부대사 1,2』, 공군본부, 2010.
『사진으로 보는 한국백년 1876-』, 동아일보사, 1979.
『한국전쟁전후 민간인학살 실태보고서』, 한울아카데미, 2005.
『한국현대사 119대사건』, 조선일보사, 1993.

강준만, 『한국 현대사 산책』, 인물과사상사, 2004.
구와바라 시세이, 『촬영금지』, 눈빛, 1990.
권혁희, 『조선에서 온 사진엽서』, 민음사, 2005.
길광준, 『한국전쟁: 사진으로 읽는』, 예영커뮤니케이션, 2005.
김기진, 『한국전쟁과 집단학살』, 푸른역사, 2006.
김덕수, 『항공징비록』, 21세기북스, 2017.
김영호, 『한국전쟁의 기원과 전개과정』, 성신여자대학교출판부, 2006.
러셀 블레이즈델, 『전란과 아이들』, 세종출판사, 2008.
미해외참전용사협회, 『그들이 본 한국전쟁 2,3』, 눈빛, 2005.
박도, 『지울 수 없는 이미지』, 눈빛, 2004.
박도, 『지울 수 없는 이미지 2』, 눈빛, 2006.
박세길, 『다시 쓰는 한국현대사』, 돌베개, 1992.
브루스 커밍스, 『브루스 커밍스의 한국현대사』, 창비, 2001.
브루스 커밍스, 『한국전쟁의 기원』, 일월서각, 1986.
육군사관학교, 『한국전쟁사 부도』, 황금알, 2005.
이규헌, 『사진으로 보는 독립운동-하』, 서문당, 2000.
이윤식, 『신화의 시간』, 비씨스쿨, 2012.
전상국 외, 『나를 울린 한국전쟁 100장면』, 눈빛, 2006.
조풍연, 『사진으로 보는 조선시대: 생활과 풍속』, 서문당, 1999.
존 톨렌드, 『존 톨렌드의 6.25전쟁 1,2』, 바움, 2010.
주지안롱, 『모택동은 왜 한국전쟁에 개입했을까』, 역사넷, 2005.
중국 해방군화보사, 『그들이 본 한국전쟁 1』, 눈빛, 2005.
최인훈, 『광장/구운몽』, 문학과지성사, 2001.
하리마오, 『38선도 6.25 한국전쟁도 미국의 작품이었다』, 새로운사람들, 1998.
Dean E. Hess, 『戰頌歌』, 공군본부, 1998.
Time-Life Books, 『Life at war』, 한국일보, 1988.

『Wings of Fame』vol.1, Aerospace Publishing, 1995.
『Wings of Fame』vol.4, Aerospace Publishing, 1996.
Bert Kinzey, 『P-51 Mustang Part 1』, Squadron/Signal Publications, 1996.
Bert Kinzey, 『P-51 Mustang Part 2』, Squadron/Signal Publications, 1997.
Harold Rabinowitz, 『Conquer the Sky』, Metro Books, 1899.
Jerry Scutts, 『Mustang Aces of the Eighth Air Force』, Osprey Publishing, 2012.
John Taylor, 『The Lore of Flight』, Crescent Books, 1976.
Larry Davis, 『F-86 Sabre: Walk Around No.21』, Squadron/Signal Publications, 1999.
Larry Davis, 『P-51D Mustang: Walk Around No.7』, Squadron/Signal Publications, 1996.
Nigel Thomas, 『The Korean War 1950-53』, Osprey Publishing, 1986.
R. G. Grant, 『Flight: 100 Years of Aviation』, DK ADULT, 2002.
Robert F. Dorr, 『B-29 Superfortress Units of the Korean War』, Osprey Publishing, 2012.
Robert F. Dorr, 『Korean War Aces』, Osprey Publishing, 2013.
Robert F. Dorr, 『The Korean Air War』, Motorbooks International, 1994.
Warren Thompson, 『F-51 Mustang Units over Korea』, Osprey Publishing, 1999.
Warren Thompson, 『F-86 Sabres of the 4th Fighter Interceptor Wing』, Osprey Publishing, 2002.